NATUR UND MEDIZIN

FALKEN BÜCHEREI

NATUR UND MEDIZIN

GERHARD LEIBOLD

Enzyme

Vitalstoffe für die Gesundheit

FALKEN VERLAG

Vom gleichen Autor sind im Falken-Verlag außerdem erschienen:
»Falken-Handbuch Heilkräuter«, »Falken-Handbuch Bio-Medizin«,
»Heiltees und Kräuter für die Gesundheit«, »Eigenbehandlung durch Akupressur«, »Hypnose und Autosuggestion«, »Biologische Ernährung«,
»Die fernöstliche Fingerdrucktherapie Shiatsu«.

ISBN 3 8068 0677 2

Die Ratschläge in diesem Buch sind von Autor und Verlag sorgfältig erwogen und geprüft, dennoch kann eine Garantie nicht übernommen werden. Eine Haftung des Autors bzw. des Verlages und seiner Beauftragten für Personen-, Sach- und Vermögensschäden ist ausgeschlossen.
Gesamtherstellung: Neuwieder Verlagsgesellschaft mbH, Neuwied

817 2635 44

Inhalt

Vorwort

Als vor Millionen von Jahren aus der »Ursuppe« die ersten irdischen Lebensformen hervorgingen, waren Enzyme daran maßgeblich beteiligt. Als »Zündfunken« bewirkten sie die unentbehrlichen biochemischen Prozesse, aus denen sich lebende Substanzen bildeten.
Leben in der uns bekannten Form ist ohne enzymatische Vorgänge unvorstellbar. Selbst die Viren, jene winzigen Eiweißkörper im Grenzbereich zwischen Leben und toter Materie, die erst beim Kontakt mit lebenden Zellen zu einer Art »geborgtem Leben« erwachen, verfügen bereits über Enzymsysteme.
In ihrer Wirkung ähneln die Enzyme den Katalysatoren, die in der anorganischen Chemie unentbehrlich sind. Deshalb bezeichnet man sie auch als *Biokatalysatoren.*
Ihre Wirkungsweise läßt sich vereinfacht auf folgenden Nenner bringen: Sie beschleunigen chemische Prozesse oder lenken sie in eine bestimmte Richtung. Zwar liefen diese biochemischen Vorgänge auch ohne Enzyme ab, meist aber viel zu langsam. Erst die Anwesenheit von Enzymen ermöglicht die lebensnotwendigen chemischen Umsetzungen bei den Temperaturen und Druckverhältnissen, die im lebenden Organismus herrschen.
Von der universalen Bedeutung der Enzyme für fast alle Lebensvorgänge wissen wir noch nicht lange. Sie wurden erst im letzten Jahrhundert entdeckt, als der triumphale Aufschwung der Naturwissenschaften begann. Inzwischen kennen wir viele Funktionen und Wirkungen der Enzyme, sind aber noch weit davon entfernt, alle ihre Möglichkeiten zu nutzen. Für die praktische Arbeit war vor allem die Erfahrung wichtig, daß Enzyme auch künstlich hergestellt oder aus Pflanzen gewonnen werden können. Erst danach wurde es möglich, die Biokatalysatoren preiswert und in großen Mengen zu medizinischen Zwecken herzustellen.
In der modernen Medizin spielen die Enzyme noch lange nicht die Rolle, die ihnen als »Zündfunken« lebenswichtiger Funktionen zukommt. Am häufigsten werden sie bisher zur Behandlung von Verdauungsstörungen verabreicht. Auch in der Diagnose verschiedener Krankheiten konnten sie sich inzwischen einen festen Platz erobern. Die zahlreichen anderen Anwendungsgebiete werden aber noch vernachlässigt. Dabei gehören Enzymgemische zu den biologischen Heilmitteln, die auch bei Langzeitgebrauch – zum Beispiel zur Vorbeugung bestimmter Krankheiten oder bei chronischen Leiden – im allgemei-

nen keine unerwünschten Nebenwirkungen hervorrufen, an Wirksamkeit aber manches starke chemische Arzneimittel mit entsprechenden Risiken in den Schatten stellen.
Die wichtigsten Heilanzeigen der Vorbeugung und Therapie mit Enzymen – von der Wundbehandlung über Alterserscheinungen bis hin zu Krebs – stellt dieses Buch ausführlich und praxisnah vor. Damit erhält der Leser Gelegenheit, die Heilkraft der Enzyme in vertretbaren Fällen selbst zu nutzen oder andere, vom Therapeuten verordnete Heilmethoden wirksam zu unterstützen.
Breiten Raum nimmt die regelmäßige Versorgung mit natürlichen Enzymen ein, die wir mit der Ernährung täglich zuführen sollten. Vollwertige Ernährung mit reichlich Rohkost, in der die wärmeempfindlichen Enzyme erhalten bleiben, bilden für Gesunde die einfachste und billigste Möglichkeit, den Organismus ausreichend mit den lebenswichtigen »Zündfunken« zu versorgen.
In der Medizin der Zukunft werden die Enzyme eine bedeutende Rolle in der Vorbeugung und Behandlung von Krankheiten spielen. Es kann aber noch Jahre dauern, ehe sich die Enzymtherapie auf breiter Front durchsetzt – zu viel Zeit, wenn man bedenkt, daß es um die Gesundheit geht. Deshalb nimmt dieses Buch die Entwicklung voraus und trägt so dazu bei, vor allem den verbreiteten Zivilisationskrankheiten schon heute einen Riegel vorzuschieben.

Enzyme – »Zündfunken« des Lebens

Die Frage nach der Entstehung des Lebens bewegt die Menschen seit alters. Im Lauf der Geschichte gab es dazu zahlreiche Vorstellungen. Manche muten uns heute so kurios an, daß wir nur noch darüber schmunzeln können, andere kamen den inzwischen gewonnenen Einsichten aber schon erstaunlich nahe. Das gilt vor allem für das Yin-Yang-Gesetz der antiken chinesischen Naturphilosophie. Die blumige asiatische Bildersprache, in der es vor Jahrtausenden formuliert wurde, hält natürlich keinem Vergleich mit der sachlich-nüchternen, exakten Sprache moderner europäischer Wissenschaften stand. Reduziert man die Vorstellungen der Chinesen aber auf ihre Kernaussagen, ergibt sich eine erstaunliche Ähnlichkeit mit den Theorien der heutigen Naturwissenschaft zur Entstehung des Lebens.
Von den Enzymen freilich wußten die Chinesen noch nichts, obwohl diese neben kosmischer Strahlung und elektrischen Entladungen in der Uratmosphäre als »Zündfunken« entscheidenden Anteil an der Entwicklung lebender Substanz aus der »Ursuppe« nahmen.

Geschichte der Enzymforschung

Bei großzügiger Auslegung des Begriffs beginnt die Enzymforschung mit der Alchimie des Mittelalters. Die Alchimisten suchten nicht nur nach dem berühmten »Stein der Weisen«, sondern auch nach jenem Lebenselixier, das Gerste und Traubensaft zu Bier und Wein vergor, aus Milch Käse entstehen ließ und – so die verwegenen Hoffnungen – andere Metalle in Gold und Silber umwandelte. Die erste Ahnung von den Biokatalysatoren war damit geboren. Aber es mußten noch Jahrhunderte vergehen, ehe aus dieser vagen Ahnung Gewißheit wurde. *Louis Pasteur* (1822–1895), dem genialen französischen Biologen und Chemiker, verdanken wir neben der Begründung der modernen Bakteriologie, Desinfektionstechnik und einer Reihe wichtiger Schutzimpfungen auch die Erkenntnis, daß jede Art von Gärung durch einen bestimmten, nur ihr eigenen Gärungspilz (oft waren es Hefen) hervorgerufen wird.

Durch Aufkochen der Hefezellen kann die Gärung sofort wieder zum Stillstand gebracht werden. Daraus folgerte Pasteur, daß Gärung als eine Eigenschaft des Lebens anzusehen ist.
Noch ehe Pasteur zu seinen wegweisenden Einsichten gelangte, entdeckte der Anatom *Theodor Schwann* (1810–1882) im Jahre 1836 bereits das erste menschliche Enzym im Magensaft, das eiweißspaltende *Pepsin*.
Nun ging es Schlag auf Schlag: 1837 wies man in bitteren Mandeln das Enzymgemisch *Emulsin* nach, 1839 fand man im Senf das Enzym *Myrosin*, 1848 im Sekret der Bauchspeicheldrüse das *Trypsin und ein Jahr später die Lipasen.* Damit waren die Grundlagen der weiteren Enzymforschung geschaffen.
Ihren für die praktische Nutzung entscheidenden ersten Anstoß erhielt die Enzymforschung allerdings erst im Jahre 1896 durch den deutschen Chemiker *Eduard Buchner* (1860–1917), der 1907 mit dem Nobelpreis für Chemie ausgezeichnet wurde. Eigentlich war es – wie so oft in der Geschichte der Wissenschaften – ein Zufall, der Buchner den Weg wies. Im Verlauf eines Experiments stellte er aus mit Sand zerriebenem Hefematerial durch Filtrierung einen zellfreien Extrakt her – tote Materie nach der damals gültigen, durch Pasteurs Versuche scheinbar bestätigten Lehrmeinung. Zur Konservierung versetzte Buchner diesen Extrakt mit Zucker – und stellte bald danach fest, daß er gärte. Pasteur hatte sich also geirrt, die Gärung war nicht an das Leben gebunden, sondern wurde durch einen Stoff bewirkt, der durch Erhitzung zerstört wird. Nach dem griechischen Wort für Sauerteig bezeichnete man ihn als *Zymase*. Rasch erkannte man, daß es sich um keinen einzelnen Stoff, sondern um eine ganze Gruppe verschiedener Substanzen handelte. Sie wurden anfangs als *Fermente* (abgeleitet vom lateinischen fervere = brausen, gären) bezeichnet. Inzwischen hat sich der Begriff Enzyme (abgeleitet vom griechischen en = innen/zymo = in Gärung setzen) allgemein eingebürgert.
Ihren zweiten wichtigen Höhepunkt erlebte die Enzymforschung im Jahre 1926, als Sumner das erste Enzym – die harnstoffspaltende *Urease* – in kristallisierter Form rein darstellte. Damit war der Weg frei für den Einsatz der Enzyme in der Medizin.
Inzwischen kennen wir einige 1000 Enzyme, können rund 100 davon in kristallisierter Form darstellen, einige wenige sogar schon synthetisch herstellen und verstehen zum Teil auch schon ihren Aufbau und ihre Wirkungsweise. Trotzdem steckt ihre praktische Anwendung immer noch in den Kinderschuhen.
Die meisten Laien und leider auch viele Ärzte und Heilpraktiker kennen die Enzyme vor allem als Arzneimittel bei verschiedenen Verdauungsbeschwerden und als inzwischen unentbehrliche Helfer bei der Diagnose mancher Krankheiten. Die vielen anderen Heilanzeigen werden vernachlässigt, zum Teil wie eine Art »Geheimtip« (vor allem unter Sportlern) gehandelt. Zu vielen

Kranken wird somit ein wirksames, ausgezeichnet verträgliches biologisches Heilmittel unnötig lange vorenthalten.

Aufbau der Enzyme

Enzyme sind Eiweißstoffe, die in den lebenden Zellen aus Aminosäuren hergestellt (synthetisiert) werden. Diese Aminosäuren gewinnt der Organismus aus der Verdauung der Nahrungseiweiße. Sie müssen in einer für jedes Enzym typischen besonderen Reihenfolge zu langen Eiweiß-(Polypeptid-)ketten angeordnet werden. Dieser hochkomplizierte biochemische Prozeß erfolgt auf Grund der genetischen Informationen (Gene sind die Träger der Erbeigenschaften), die sich im Zellkern befinden.
Nicht alle Enzyme bestehen nur aus Aminosäuren. Eine ganze Reihe der Biokatalysatoren muß sich zuerst mit anderen chemischen Stoffen verbinden, um wirksam werden zu können. Den Eiweißanteil des Enzyms bezeichnet man dann als *Apoenzym*, die Verbindungen als *prosthetische Gruppen* und das wirksame Enzym insgesamt als *Holoenzym*.
Diese Holoenzyme kommen viel häufiger als reine Eiweißenzyme vor. Die zusätzlichen chemischen Verbindungen der prosthetischen Gruppe nennt man auch *Koenzyme*.
Ein großer Teil davon gehört zu den Vitaminen (vor allem Vitamine der B-Gruppe), außerdem enthalten die Koenzyme häufig Phosphorsäure, Eisen, Magnesium, Kupfer, Kobalt, Mangan, Zink und andere Mineralsalze oder Spurenelemente. Vor allem die metallischen Ergänzungsstoffe werden oft überhaupt nicht fest in das Holoenzym eingebaut, sondern wirken als Kofaktoren schon allein durch ihre bloße Anwesenheit.
In vielen Enzymen spielt nur eine bestimmte Gruppierung von Aminosäuren innerhalb der gesamten Eiweißkette eine Rolle. Sie wird als das *aktive Zentrum* des Enzyms bezeichnet.
Bei manchen Enzymen fand man in der Mitte eine Art Schlitz, dessen Wand mit aktiven Aminosäuren besetzt ist. Vermutlich wird der Stoff, den solche Enzyme umsetzen, durch diesen Schlitz gezogen und dabei enzymatisch verarbeitet. Die nicht aktiven Aminosäuren eines Enzyms scheinen nach heutigem Wissen vor allem als Gerüstsubstanz für das Riesenmolekül zu dienen. In Versuchen spaltete man Teile davon ab, ohne daß deshalb die Enzymwirkung beeinträchtigt wurde.
Die hochkomplizierte Struktur der Enzyme konnte hier nur vereinfacht dargestellt werden. Ohnehin ist ihr Aufbau bisher noch nicht in allen Teilen genau bekannt.

Aufgaben und Wirkungsweise im Körper

Ohne Enzyme »geht« in einem lebenden Organismus fast nichts. Kein Muskel bewegt sich, kein Nahrungsbestandteil kann verdaut und im Stoffwechsel der Zellen zu Energie, Baustoffen oder Reserven umgewandelt werden, ja sogar mit dem Wasser und dem Sauerstoff der Atemluft kann der Körper ohne Enzyme nichts anfangen. Wir müßten ersticken, verdursten oder verhungern, wenn nicht Tausende dieser Biokatalysatoren in unserem Organismus ständig am Werk wären.
Worauf beruhen diese vielfältigen Wirkungen der Enzyme?
Sie ähneln den Katalysatoren der chemischen Industrie, die chemische Prozesse unter normalen Druck- und Temperaturverhältnissen erst möglich machen, beschleunigen oder in eine bestimmte Richtung lenken. Dabei handelt es sich durchweg um Reaktionen, die auch ohne Katalysatoren abliefen – aber ungesteuert und unendlich langsam.
Am Beispiel des Harnstoffs läßt sich das gut veranschaulichen. Läßt man Urin bei Zimmertemperatur stehen, zersetzt sich der Harnstoff nur langsam. Sobald man Wärmeenergie zuführt, kommt es unter Energieverbrauch sofort zur Aufspaltung des Harnstoffs in Ammoniak und Kohlendioxid. Anstelle von Energie kann man aber auch das Enzym Urease zusetzen und erzielt dann bei normalen Temperaturen den gleichen Effekt.
In der Chemotechnik könnte man auf Katalysatoren theoretisch zur Not verzichten und statt dessen mehr Energie zuführen, um chemische Prozesse zu beschleunigen oder zu steuern. Im lebenden Organismus ist das natürlich unmöglich. Die Körpertemperatur und der in den Zellen herrschende Druck lassen sich nur sehr begrenzt verändern. Deshalb kommt der Körper nicht ohne Biokatalysatoren aus.
Ein Enzym wirkt nur unter bestimmten Voraussetzungen. Eine entscheidende Rolle dabei spielen die Temperaturen. Kälte inaktiviert die Enzyme, bei ausreichender Temperatur werden sie aber wieder aktiv. Wärme dagegen vertragen sie nur bis zu einem gewissen Grad. Vom Nullpunkt an nimmt ihre Wirksamkeit zunächst stetig zu und erreicht bei Körpertemperatur das Wirkungsoptimum. Steigt die Temperatur weiter an, werden immer mehr Eiweißstoffe zerstört. Schon bei Temperaturen um 40 Grad zerfallen die ersten Enzyme, ab etwa 70 Grad ist überhaupt keine Wirkung mehr möglich. Die Koenzyme sind davon zwar kaum betroffen, ohne das Apoenzym bleiben sie aber wirkungslos.
Einige Enzyme, die aus Mikroorganismen gewonnen werden, sind besonders wärmebeständig (thermostabil) und verlieren auch bei höheren Tempe-

raturen nicht so rasch an Wirkung. Sie werden zum Beispiel für »bioaktive Waschmittel« verwendet. Zuviel darf man von diesen aber auch nicht erwarten. Insbesondere muß man in der Waschmaschine den »Biowaschgang« einschalten, der eine übermäßige Aufheizung der Lauge verhindert.

Als zweite wichtige Voraussetzung für die optimale Wirkung des Enzyms kennen wir den Säuregrad der Flüssigkeit, in der es wirken soll. Jedes Enzym arbeitet bei einem bestimmten pH-(Säure-)Wert am besten. Danach unterscheidet man *alkalische* (pH 7,1–14) und *saure* (pH bis 6,9) *Enzyme.*

Das Pepsin im Magensaft zum Beispiel benötigt ein stark saures Milieu, die in den Darm ausgeschütteten Enzyme verlangen dagegen alkalische Verhältnisse. Im gesunden Organismus finden die Enzyme an ihrem Wirkungsort stets optimale Säureverhältnisse vor. Wenn sich das normale Säure-Basen-Verhältnis im Körper verschiebt (zum Beispiel durch Krankheiten oder als Folge falscher Ernährung), wird auch die Wirkung der Enzyme herabgesetzt oder völlig aufgehoben.

Ein Enzym kann nur wirken, wenn es sich mit einem anderen chemischen Stoff verbindet. Er wird als *Substrat* bezeichnet. Wenn dieses Substrat im Übermaß vorhanden ist, kann sich das Enzym nicht mehr davon lösen, es kommt zur *Substrathemmung* der Enzymwirkung.

Wirkt ein Enzym normalerweise auf mehrere Substrate und ist eines davon in größerer Menge vorhanden, dann kommt es zur *kompetitiven Hemmung* der Enzymwirkung, das Enzym wirkt dann nicht mehr auf die in geringeren Mengen vorhandenen anderen Substrate. Diese Mechanismen sind sehr wichtig, weil die Enzyme auf diese Weise ihr Arbeitstempo zum Teil selbst regulieren können.

Medizinisch nutzt man die Substrat- und kompetitive Hemmung vor allem in der Krebstherapie. Manche Arzneimittel gegen Tumoren sind chemisch ähnlich wie bestimmte Substrate aufgebaut und werden von den Enzymen auch als Substrate akzeptiert. Sie gleichen dem natürlichen Substrat aber nicht genug, als daß die Verbindung mit den Enzymen zur gleichen Wirkung führen könnte. Das Enzym wird also dauernd gehemmt. Diese Enzymhemmstoffe, die bestimmten Teilnehmern des Stoffwechsels (Metabolismus) nachgebildet sind, nennt man auch *Antimetabolite.* Im Grunde handelt es sich dabei um starke Giftstoffe, die zu erheblichen Nebenwirkungen führen können. Deshalb ist ihre Anwendung auch nur in hoffnungslosen Fällen zur vorübergehenden Erleichterung zu rechtfertigen.

Antimetabolite treten heute auch vermehrt in der Umweltverschmutzung auf. Typisches Beispiel dafür ist das Kohlenmonoxid, ein Antimetabolit des Sauerstoffs. Es wird fest an den roten Blutfarbstoff Hämoglobin gebunden, so daß dieser seine Funktionen für die Atmung nicht mehr erfüllen kann.

Viele Enzyme können sich vom Substrat nur dann wieder trennen, wenn sie es an ein anderes Enzym weitergeben können oder die Atome, die sie vom Substrat abspalteten, auf einen Akzeptor (Koenzym) übertragen.
Das wichtige Koenzym A zum Beispiel, das unter anderem aus Phosphorsäure (Adenosintriphosphat) und Pantothensäure (gehört zur Vitamin-B-Gruppe) zusammengesetzt ist, nimmt vor allem die Essigsäure auf, die bei vielen Stoffwechselprozessen entsteht. Man findet dieses Koenzym, das als eine Art »Sammelbecken« des Zwischenstoffwechsels gilt, vor allem im »Zentrallabor« des Körpers, der Leber. Es trägt unter anderem mit zur Biosynthese (körpereigenen Bildung) des lebenswichtigen, nur im Übermaß schädlichen Cholesterins und der Karotinoide (gelbe oder rote Farbstoffe) bei.
Nach ihrer Substratbindung und Wirkung sind alle Enzyme Spezialisten für ganz bestimmte, begrenzte Aufgabenbereiche. Viele der ständigen Auf- und Abbauvorgänge im Stoffwechsel, die den lebenden Organismus kennzeichnen, laufen zu kompliziert ab, als daß sie von einem einzigen Enzym vollständig bewältigt werden könnten. Deshalb werden sie in mehrere Zwischenstufen zerlegt. Für jede Umwandlung von einer Zwischenstufe zur anderen ist ein eigenes Enzym erforderlich. Die so hintereinander geschalteten Enzyme bezeichnet man als *Enzymketten.*
Das folgende Beispiel stellt vereinfacht die alkoholische Gärung des Zuckers (Glukose) mit ihren Zwischenstufen und der dazu erforderlichen Enzymkette dar.

Substrat	**Enzymkette**
Ausgangsprodukt:	
Glukose	Hexokinase
Zwischenstufen:	
Glukosephosphat	
Fruktosephosphat	
Glyzerinaldehydphosphat	
	Triosephosphatdehydrogenase
Zwischenstufe:	
1-3-Glyzerinsäurediphosphat	
	Glyzerinphosphatkinase
Zwischenstufe:	
3-Glyzerinsäurephosphat	
	Enolase
Zwischenstufe:	
Brenztraubensäure-enolphosphat	
	Brenztraubensäure-enolphosphatkinase

Substrat	Enzymkette
Zwischenstufe: Brenztraubensäure	
	Carboxylase
Zwischenstufe: Acetaldehyd	
	Alkoholdehydrogenase
Stoffwechselendprodukt: Äthylalkohol	

Wenn nur ein einziges Enzym innerhalb einer solchen Kette nicht richtig funktioniert – zum Beispiel als Folge von Vitamin- oder Mineralstoffmangel (Koenzyme) oder wegen der Blockade durch Antimetabolite –, dann können auch alle anderen an der Kette beteiligten Enzyme nicht mehr weiterarbeiten.
Besonders nachteilig wirkt sich das auf die *Atmungskette* aus. Darunter versteht man die in bestimmter Reihenfolge miteinander verketteten Enzyme, welche den bei der Verbrennung (Oxidation) der Nahrung entstehenden Elektronenstrom so langsam über ein Potentialgefälle leiten, daß dabei keine nennenswerte Erhöhung der Körpertemperatur eintritt, sondern die Energie auf phosphorhaltige Verbindungen übertragen wird. Diese leisten dann im Körper die lebensnotwendige chemische Arbeit.
Durch Giftstoffe oder Hormone (Schilddrüsenüberfunktion) kann diese Atmungskette unterbrochen werden. Dann gelingt der Übergang der Energie auf die phosphorhaltigen Verbindungen nicht mehr, und es kommt zur Entkoppelung der Enzymkette mit Anstieg der Körpertemperatur und Stillstand lebensnotwendiger chemischer Umsetzungen im Organismus. Auf diese Weise entsteht auch Fieber.
Es ist unmöglich, die zahlreichen Funktionen der vielen Enzyme auch nur annähernd vollständig zu beschreiben. Im Prinzip wirken sie alle in der hier beispielhaft beschriebenen Weise.
Im Gegensatz zu den in der chemischen Industrie verwendeten Katalysatoren, die in der Regel nur durch ihre Anwesenheit wirken und sich während der chemischen Reaktion nicht verändern, werden die Biokatalysatoren mit in die Reaktion einbezogen, die sie katalysieren, und dabei langsam verbraucht.
Ausreichende Zufuhr von Enzymen durch vollwertige Ernährung, die gleichzeitig auch genügend Vitamine, Mineralsalze und Spurenelemente als Koenzyme enthält, ist deshalb zur Gesunderhaltung dringend erforderlich. Die Grundsätze einer solchen Kost werden wir später noch kennenlernen. Sie besteht vor allem aus reichlich Rohkost (30–50% der gesamten täglichen Nah-

rungsmenge), die in natürlicher, ausgewogener Kombination pflanzliche Enzyme und die unentbehrlichen Koenzyme enthält.
Enzyme erkennt man auf den ersten Blick an den typischen, nur bei Enzymbezeichnungen verwendeten Nachsilben. Die älteren Enzyme (früher Fermente) wurden oft noch nach der chemischen Reaktion bezeichnet, die sie katalysierten, indem man daran die Nachsilbe *-in* anhängte (zum Beispiel Pepsin, Trypsin). Seit einigen Jahrzehnten benennt man die neu entdeckten Enzyme grundsätzlich immer nach ihrem Substrat und fügt an dessen chemische Bezeichnung die Endung *-ase* an (wie Amylase, Diastase, Lipase).
Da der Organismus viele Enzyme vorrätig halten muß, um sie jederzeit bei Bedarf rasch einsetzen zu können, gibt es auch eine ganze Reihe inaktiver Enzymvorstufen. Bei den älteren Enzymen erkennt man diese an der Nachsilbe *-gen* (wie Pepsinogen), heute kennzeichnet man die Vorstufen grundsätzlich durch die Vorsilbe *Pro-* (zum Beispiel Prothrombin).

Die 6 Enzymgruppen

Es gibt verschiedene Möglichkeiten, die Enzyme sinnvoll einzuteilen. Nach ihrer Herkunft kann man sie wie folgt unterteilen:

- *Exkretorische Enzyme,* die unter normalen Bedingungen aus der Zelle austreten, um an wichtigen Körperfunktionen mitzuwirken; dazu gehören zum Beispiel die verschiedenen Verdauungsenzyme.
- *Plasmaspezifische Enzyme,* die als Bestandteile des Bluts vorhanden sind, insbesondere die zur Blutgerinnung erforderlichen Peptidasen.
- *Zellständige Enzyme,* die normalerweise nicht im Blut auftauchen und deshalb eine wichtige Rolle in der Enzymdiagnostik (s. a. S. 93) spielen.

Je mehr Enzyme die Forscher entdeckten, desto schwieriger wurde es, den Überblick zu behalten. Das obige einfache Schema genügte den Ansprüchen nicht mehr. Deshalb wurde eine eigene Forschungskommission eingesetzt, die sich jahrelang mit der Katalogisierung Tausender von Enzymen beschäftigte. Im Jahre 1961 legte sie in Moskau ihre Vorschläge zur Einteilung der Enzyme in 6 große Gruppen vor. Diese dienen seither international als Grundlage für die Einteilung.
Unterschieden werden die folgenden Enzymgruppen:

- **Hydrolasen:** Die Enzyme dieser Gruppen lösen chemische Bindungen, indem sie Wasser zwischen die Bingungsstellen einlagern oder es fortnehmen; dazu gehören unter anderem die fettspaltenden Enzyme, das Pepsin und Trypsin.

- **Isomerasen:** Sie bewirken, daß Verbindungen innerhalb eines chemischen Gleichgewichts ineinander übergeführt werden, verändern also nur die Struktur einer solchen Verbindung.
- **Ligasen:** Diese Enzyme bauen neue chemische Bindungen auf; unterteilt werden sie nochmals nach den Verbindungen, die sie herstellen, in Enzyme, die entweder Kohlenstoff-Kohlenstoff-, Kohlenstoff-Sauerstoff-, Kohlenstoff-Stickstoff- oder Kohlenstoff-Schwefel-Bindungen aufbauen.
- **Lyasen** (Desmolasen): Enzyme aus dieser Gruppe wirken im Prinzip umgekehrt wie die Ligasen, lösen also die chemischen Bindungen zwischen Kohlenstoffatomen, Kohlenstoff-Stickstoff, Kohlenstoff-Schwefel oder Kohlenstoff-Chlor.
- **Oxydoreduktasen:** Dazu gehören Enzyme, die Sauerstoff oder Wasserstoff zwischen Stoffen übertragen und dadurch die Oxydation des einen und Reduktion des anderen Stoffs bewirken. Als Oxydation bezeichnet man heute nicht mehr nur die Verbindung von Stoffen mit Sauerstoff (Verbrennung), sondern ganz allgemein den Verlust von Elektronen. Deshalb sind alle energieliefernden Prozesse im Körper Oxydationsprozesse. Als Reduktion bezeichnet man die Aufnahme eines Elektrons in ein Atom oder eine Atomgruppe, also das Gegenteil der Oxydation.
- **Transferasen:** Im Gegensatz zu den Oxydoreduktasen übertragen diese Enzyme nicht einzelne Elemente, sondern Atomgruppen von einem Stoff auf den andern; sie werden nochmals unterteilt nach den Gruppen, die sie übertragen.

Einer dieser 6 großen Enzymgruppen lassen sich alle heute bekannten Enzyme zuordnen. Deshalb spielt dieses System in der modernen Enzymforschung eine zentrale Rolle – insbesondere dann, wenn neue Enzyme entdeckt und katalogisiert werden müssen.

Wichtige einzelne Enzyme

Die Enzymforschung entdeckte im Lauf der Zeit mehrere 1000 Enzyme. Man muß allerdings davon ausgehen, daß wir damit noch nicht alle dieser Biokatalysatoren kennen.
Es ist natürlich unmöglich, eine so große Zahl von Enzymen auch nur annähernd vollständig aufzuzählen. Wir beschränken uns auf einige wichtige Enzyme, die zum Teil auch in Form von Arzneimitteln angewendet werden.
Amylasen (Diastasen): Diese Gruppe von Enzymen baut die Stärke aus der Nahrung zu Malzzucker ab. Industriell nutzt man sie unter anderem zur Bier- und Schnapsherstellung aus Getreide. Im Organismus werden Amylasen von

der Bauchspeicheldrüse und den Speicheldrüsen im Mund produziert, um die Nahrung zu verdauen. Deshalb schmeckt Brot, das man lange genug im Mund kaut, zunehmend süßer. Zu Heilzwecken und in der Industrie gebraucht man auch Amylasen aus Pilzen.

Bromeline: Diese Enzyme werden aus Ananasarten gewonnen und vor allem bei Verdauungsstörungen verabreicht. Sie bewähren sich aber auch gut bei verschiedenen anderen Erkrankungen. Oft wendet man sie kombiniert mit anderen Enzymen an.

Chymotrypsin: Das Enzym stammt aus der Bauchspeicheldrüse. Es wird in der inaktiven Form als Chymotrypsinogen in den Zwölffingerdarm abgesondert und erst dort durch das Enzym Enterokinase in die wirksame Form umgewandelt. In erster Linie vollendet es die von Pepsin und Trypsin eingeleitete Eiweißverdauung. Medizinisch nutzt man es zu verschiedenen Zwecken, nicht nur zur Therapie von Verdauungsbeschwerden.

Enterokinase: Dieses Enzym kommt in der Darmschleimhaut (vor allem im Zwölffingerdarm) vor. Es hat die Aufgabe, die in inaktiver Form als Chymotrypsinogen und Trypsinogen aus der Bauchspeicheldrüse ausgeschütteten Enzyme in die wirksamen Formen umzuwandeln.

Erepsin: Durch dieses Enzymgemisch im Darmsaft werden die unter dem Einfluß von Pepsin und Trypsin aus der Nahrung entstandenen Eiweißverbindungen zu Aminosäuren umgebaut, die als Bausteine für körpereigenes Eiweiß dienen.

Hyaluronidase: Das wichtige Enzym entsteht aus der Hyaluronsäure, die wiederum ein wesentlicher Bestandteil der Kittsubstanz des Binde- und Stützgewebes ist. Es ist vor allem in den Hoden und der Samenflüssigkeit enthalten und erleichtert die Befruchtung des weiblichen Eies durch den männlichen Samen. Therapeutisch gebraucht man das Enzym, um die rasche Aufnahme und Verteilung von Arzneimittelwirkstoffen in den Geweben zu fördern.

Katalase: ein sehr wichtiges Enzym, das Wasserstoffsuperoxid in Wasser und Sauerstoff zerlegt. Es kommt unter anderem im Speichel, aber vor allem in der Leber und den roten Blutkörperchen reichlich vor.

Kathepsin: Die eiweißspaltenden Enzyme kommen in Gewebszellen vor. Im Magen leiten sie die Verdauung ein, noch ehe das Pepsin zu wirken beginnt. Außerdem sorgen sie für den Abbau alter oder geschädigter Zellen und schaffen so die Voraussetzungen für die Zellneubildung.

Lipasen: Sie entstehen in der Bauchspeicheldrüse und sorgen im Dünndarm für die Aufspaltung der Nahrungsfette in Glyzerin und Fettsäuren. Dadurch wird die Verwertung der Fette erst möglich. Auch am Abbau des Speicherfetts im Körper sind die Lipasen beteiligt.

Pankreatin: Es wird aus Rinder- und Schweinebauchspeicheldrüsen gewonnen und im Spezialverfahren schonend gereinigt. In seiner Zusammenset-

zung ist es dem Enzymmuster der menschlichen Bauchspeicheldrüse am ähnlichsten. Die Fermentaktivität hängt mit von der Herstellungsart ab.
Papain: Diese pflanzlichen Enzyme werden aus dem Milchsaft des mexikanischen Melonenbaums *(Carica papaya)* gewonnen. Sie gehören zu den eiweißspaltenden Enzymen. In der Heilkunde gebraucht man Papain vor allem als Pepsinersatz bei Verdauungsstörungen. Außerdem tötet es Darmwürmer ab und lindert Entzündungen.
Pepsin: Das eiweißspaltende Enzym stammt aus den Magendrüsen und dient der Vorverdauung von Eiweiß aus der Nahrung. Wirksam wird das Enzym erst im stark sauren Milieu des Magens, das durch die Absonderung von Salzsäure entsteht. Pepsin wird in Form von Arzneimitteln gegen Verdauungsstörungen verabreicht.
Proteasen: Unter diesem Oberbegriff werden alle eiweißspaltenden Enzyme (wie Kathepsin, Pepsin, Trypsin) zusammengefaßt.
Trypsin: Dieses eiweißspaltende Enzym wird in Form des inaktiven Trypsinogen aus der Bauchspeicheldrüse abgesondert und im Dünndarm durch das Enzym Enterokinase aktiviert. Es dient der Eiweißverdauung, spielt aber auch bei der Wundheilung, dem Abbau von Zelltrümmern und in der Krebstherapie eine wichtige Rolle.

Enzyme und vollwertige Ernährung

Bei gesunder Ernährung denken die meisten Menschen zunächst wohl an weniger Kalorien, mehr Vitamine, vielleicht auch noch an Mineralsalze, Spurenelemente und Ballaststoffe, aber kaum an die Enzyme. Das erscheint auch überflüssig, denn alle lebenden Zellen des gesunden Körpers produzieren selbst Enzyme, die zur Lebenserhaltung notwendig sind. Das gilt auch für Tiere und Pflanzen.
Die körpereigene Enzymproduktion reicht zwar aus, um den Grundbedarf zu decken, zur wirksamen Vorbeugung von Gesundheitsstörungen genügt sie aber nicht. Das war von der Natur auch nicht vorgesehen, denn in der pflanzlichen Nahrung stehen uns zu diesem Zweck zusätzliche Enzyme zur Verfügung. Zusammen mit den anderen lebenswichtigen Vitalstoffen sollten sie jeden Tag ausreichend in der Kost enthalten sein.

Zivilisationskost – kalorienreiche Mangelernährung

Die Ratschläge der Ernährungswissenschaft treiben manchmal seltsame Blüten. Was gestern noch erlaubt war, kann heute schon als gesundheitsschädlich gelten und wird übermorgen vielleicht schon wieder empfohlen. Oft herrscht selbst in den Reihen der Fachleute darüber keine Übereinstimmung.
In einer Hinsicht wissen sie sich aber alle einig: Die heute übliche Kost zeichnet sich durch übermäßige Zufuhr von Kalorien bei gleichzeitigem Mangel an lebenswichtigen Vitalstoffen aus. Das führt zu der paradoxen Situation, daß die Bewohner der Industrienationen trotz Übergewicht und vielfältigem Nahrungsangebot zunehmend unter Mangelerscheinungen leiden.
Die Selbsterhaltungssysteme, mit denen die Natur uns ausgestattet hat, können diesen Zustand nicht beseitigen. Sie müssen deshalb die Funktionen der lebenswichtigen Organe auf Kosten der weniger wichtigen aufrecht erhalten. Dadurch entsteht ein Zustand der Halbgesundheit, den der Ernährungsreformer Professor Werner Kollath als »Mesotrophie« bezeichnet hat. Sie kann jah-

re- bis jahrzehntelang ohne eindeutige Symptome bestehen, beeinträchtigt aber zunehmend die Leistungsfähigkeit und schafft die Voraussetzungen für viele Krankheiten. Die Mesotrophie entspricht dem Durchschnitts-Ernährungszustand eines großen Teils der zivilisierten Menschheit.

Der heute üblichen Kost mangelt es vor allem an Vitaminen (besonders der B-Gruppe), Mineralsalzen und Spurenelementen (vor allem Jod und Magnesium), an Ballaststoffen und Enzymen. Statt dessen enthält sie zu reichlich denaturierte leere Kalorienträger (wie Weißmehlprodukte, Industriezucker), gekochte Speisen, tierische Eiweiße und Fette.

Diese falsche, oft noch zu kalorienreiche Ernährung spielt bei der Entstehung fast aller Krankheiten eine gewisse Rolle, denn sie betrifft den gesamten Organismus und schwächt unter anderem seine Abwehrregulationen. Als direkter Risikofaktor trägt die Zivilisationskost vor allem zu Erkrankungen des Herz-Kreislauf- und des Verdauungssystems sowie zu Stoffwechselstörungen bei, Bereiche also, wo es unter anderem auch auf ausreichende Versorgung mit Enzymen ankommt.

Allerdings darf man das Problem der ungenügenden Enzymzufuhr mit der üblichen Ernährung nie isoliert betrachten. Wie wir schon weiter vorne erklärten, werden viele Enzyme erst dann wirksam, wenn sie mit Vitaminen, Mineralstoffen oder Spurenelementen eine Verbindung eingehen. Deren Zufuhr muß also ebenfalls ausreichen, sonst greifen die einzelnen Mangelzustände ineinander über und verschlimmern sich noch. Es genügt daher nicht, nur auf den Enzymgehalt zu achten.

Ausgewogene Ernährung muß alle Vitalstoffe im richtigen Verhältnis zueinander enthalten, damit sie Krankheiten vorbeugen kann. Zum Glück ist das relativ einfach zu erreichen, weil Rohkost neben Enzymen auch die anderen Vitalstoffe enthält.

Ohne vollwertige Ernährung, die bei Krankheiten durch Arzneimittel mit Vitaminen, Mineralsalzen und Spurenelementen ergänzt werden kann, wird auch die Enzymtherapie oft nicht zum erwünschten Ergebnis führen.

Enzymreiche Rohkost

Enzyme werden durch Kälte zwar inaktiviert, aber nicht zerstört. Wesentlich empfindlicher reagieren sie auf Erwärmung. Das beginnt bereits bei Temperaturen um 40 Grad. Diese Eigenschaft teilen die Enzyme mit manchen Vitaminen (etwa Vitamin C). Gekochte Speisen enthalten also keine Biokatalysatoren mehr. Deshalb bezeichnet man die Kochkost auch als »tote« Nahrung und unterscheidet sie von den vitalstoffreichen rohen, naturbelassenen »Lebensmitteln«. Da der Anteil gekochter Speisen in der üblichen Zivilisationskost bei weitem überwiegt, programmieren die Ernährungsgewohnheiten des heutigen Menschen den Mangel an Enzymen und anderen Vitalstoffen geradezu vor.

Es gibt nur einen Ausweg – das »grüne Blatt« vor jeder Mahlzeit, das von Bircher-Benner und anderen Ernährungsreformern schon vor gut einem Jahrhundert gefordert wurde. Nur Rohkost führt dem Organismus ausreichend Enzyme, Vitamine, Mineralsalze, Spurenelemente und Ballaststoffe für die Gesunderhaltung zu.

Zur alleinigen Ernährung auf längere Zeit genügt sie zwar nicht, als Beilage sollten rohe Gemüse, Salate, Obst und Getreidezubereitungen aber in ausgewogener Mischung unbedingt vor jeder Mahlzeit verzehrt werden. Getreidespeisen aus vollem Korn, wie das Bircher-Müsli oder der Frischkornbrei, können auch eine ganze Hauptmahlzeit (etwa das Frühstück) vollwertig ersetzen. Bei bestimmten Krankheiten kann Rohkost nach Anweisung des Therapeuten auch längere Zeit ausschließlich als Heilnahrung verzehrt werden. Gewöhnlich genügt es, wenn 30–50% der täglichen Nahrungsmenge aus Rohkost bestehen.

Wer ausreichend rohe Pflanzenteile und Früchte verzehrt, ernährt sich allein damit noch nicht automatisch gesund. An die Auswahl der Lebensmittel und ihre Zubereitung müssen bestimmte Forderungen gestellt werden, außerdem kommt es auf die abwechslungsreiche Zusammenstellung der Rohkost an. Wir können an dieser Stelle nur die wichtigsten Fragen streifen. Zur ausführlichen Information über die biologische Vollwertkost empfiehlt sich das vom gleichen Autor verfaßte Buch »Biologische Ernährung für eine natürliche und gesunde Lebensweise«, das im Falken-Verlag erschienen ist und zahlreiche Rezepte und Vorschläge für die Zusammenstellung des Speisezettels enthält.

Grundsätzlich sollten jeden Tag Salate, Obst, Blatt- und Wurzelgemüse in ausgewogener Mischung roh verzehrt werden. Auf diese Weise stellt man sicher, daß man alle Vitalstoffe in ausreichender Menge erhält. Wer immer nur einige Blatt grünen Salat und einen Apfel ißt, ernährt sich nicht vollwertig. Keine Pflanze oder Frucht enthält alle Ergänzungsstoffe. Davon abgesehen wird das bald langweilig und könnte rasch dazu verleiten, wieder zu den alten Ernährungsgewohnheiten zurückzukehren.

Nach Möglichkeit sollen alle pflanzlichen Lebensmittel aus biologischem Anbau stammen, also aus dem Reformhaus oder direkt von einem Erzeuger, der mit Sicherheit keine chemischen Dünge- und Spritzmittel verwendet. Unsere Nahrung sollte so naturbelassen wie möglich bleiben. Diese Forderung kann nur durch biologische Anbaumethoden erfüllt werden.

Allerdings erhält man heute wohl keine vollkommen rückstandsfreien Lebensmittel mehr. Die Umweltverschmutzung spart auch die nach natürlichen

Grundsätzen bearbeiteten landwirtschaftlichen Anbauflächen nicht aus. Wenn wir den Schadstoffen aus der Luft und aus dem Wasser aber schon nicht mehr ganz entgehen können, sollten wir wenigstens versuchen, das Maß der Giftbelastung so gering wie möglich zu halten. Der biologische Landbau bietet dafür die beste Gewähr.

Wer keine Gelegenheit findet, Obst, Gemüse und Salate aus biologischem Anbau zu beziehen, sollte trotzdem nicht auf die tägliche Rohkost verzichten. Es ist immer noch besser, die schädlichen Rückstände in Kauf zu nehmen, denen man ohnehin nicht entgehen kann, als den Organismus durch Mangelkrankheiten in seiner Widerstandskraft noch weiter zu schädigen.

Sinngemäß gelten diese Empfehlungen auch für die in der vollwertigen Ernährung unentbehrlichen Getreidespeisen. Sie werden aus frisch geschrotetem Korn zubereitet. Besonders empfehlen sich Bircher-Müsli und Kollath-Frischkornbrei, deren Grundrezepte je nach Geschmack abgeändert werden können. Back- und Teigwaren sollten ebenfalls aus vollem Korn bestehen. Enzyme enthalten sie wegen der Erhitzung aber nicht mehr.

Es versteht sich von selbst, daß zum rohen Verzehr nur einwandfreie pflanzliche Lebensmittel geeignet sind. Angefaulte, angeschimmelte, fleckige oder wurmstichige Früchte und Gemüse sollte man nicht verwenden.

Neben der richtigen Auswahl und ausgewogenen Zusammensetzung der Rohkost spielt auch die Zubereitung eine wichtige Rolle. Falsche küchentechnische Verarbeitung kann den gesundheitlichen Wert erheblich schmälern.

Am Anfang steht die gründliche, aber schonende Reinigung der Früchte und Pflanzenteile. Blattgemüse und Salatblätter legt man dazu 10 Minuten, Kohlgemüse 20 Minuten lang in eine Kochsalzlösung. Danach spült man unter fließendem Wasser gründlich ab. Wurzel-, Knollengemüse und feste Früchte werden unter fließendem Wasser mit einer Bürste abgeschrubbt, weiche Früchte vorsichtig ohne Bürsten unter fließendem Wasser gereinigt. Um Vitalstoffverluste beim Reinigen zu vermeiden, dürfen die Lebensmittel vorher nicht zerkleinert oder geschält werden.

Nach der gründlichen Reinigung erweist sich das Schälen oft als überflüssig. Läßt es sich nicht umgehen, schält man so dünn wie möglich, denn gerade unter den Schalen befinden sich meist besonders viele Vitalstoffe. Unbedingt geschält werden müssen Lebensmittel, deren Schalen mit Konservierungsmitteln behandelt wurden. Das wird bei Reformhausware allerdings nicht der Fall sein.

Erst unmittelbar vor dem Anrichten zerkleinert man die Lebensmittel bei Bedarf. Das sollte so grob wie möglich erfolgen, damit das Gebiß noch genügend beansprucht wird und keine Vitalstoffe verlorengehen. Nur für Menschen mit Kau- und Schluckschwierigkeiten oder in der Krankendiät kann es erforderlich werden, Rohkost stärker zu zerkleinern oder sogar zu pürieren (zum Beispiel

im Mixer). Gewöhnlich zerkleinert man auf einer Glasreibe oder mit nicht oxydierenden Nirosta®-Messern.
Nach dem Zerkleinern richtet man die Rohkost appetitlich an. Für saftarme Rohkost verwendet man spezielle Rohkostmayonnaisen und -tunken (kein Salatdressing und keine fertigen Mayonnaisen). Viele Gemüsearten und Früchte enthalten selbst genügend Saft und werden dann am besten ohne Marinaden verzehrt. Mit Kräutern schmeckt man die Rohkost ab, Salz sollte (wenn überhaupt) nur sehr mäßig verwendet werden. Die Kräuter »locken« zugleich die Produktion der enzymhaltigen Verdauungssäfte.
Sofort nach dem Anrichten wird die Rohkost verzehrt. Sie soll nicht auf Vorrat zubereitet und erst später gegessen werden, weil durch längeres Stehen Vitalstoffe verlorengehen und die Rohkost auch bald unansehnlich wirkt.
Vollwertige Ernährung ist ohne ausreichenden Rohkostanteil unmöglich. Es genügt aber nicht, regelmäßig Rohkost zu verzehren, um gesund zu leben. Auch bei den Nahrungsmitteln, die roh nicht gegessen werden können, müssen die Grundsätze der Ernährungsreform beachtet werden. Darüber informiert ausführlich der weiter vorne schon genannte Ratgeber über »Biologische Ernährung« des Autors, der ebenfalls im Falken-Verlag erschienen ist.
Es bereitet heute keine Schwierigkeiten mehr, zu jeder Jahreszeit ausreichend frische pflanzliche Lebensmittel zu kaufen. Auch im Winter stehen sie uns in reichhaltigem Angebot zur Verfügung. Deshalb kommt der Vorratshaltung heute keine so große Bedeutung mehr zu, obwohl man natürlich nicht ganz darauf zu verzichten braucht. Wer zum Beispiel einen eigenen Garten besitzt und dessen Erträge nicht alle frisch verwerten kann, kommt ohne Vorratshaltung nicht aus. Dazu kennen wir vor allem zwei Möglichkeiten: Einfrieren und Einkochen.
Einkochen ist nach neueren Untersuchungen besser als sein Ruf. Zwar werden dabei zunächst mehr Vitamine und andere Vitalstoffe zerstört als beim Einfrieren, dafür kommt der Verlust später dann fast zum Stillstand, während er beim Einfrieren weiter fortschreitet. Auf längere Sicht kann sich das Einmachgut also durchaus mit dem Gefriergut messen. Zur Enzymversorgung freilich kann das Eingekochte nicht beitragen. Durch die Erhitzung (Sterilisieren) werden die wärmeempfindlichen Enzyme zerstört. Man muß also auch aus diesem Grund im Winter ergänzend zum Eingemachten Frischkost verzehren.
Einfrieren schont den Enzymgehalt der pflanzlichen Lebensmittel optimal. Bei tieferen Temperaturen werden die Enzyme zwar inaktiviert, nach dem Auftauen aber wieder wirksam. Dafür schreitet der Verlust an anderen Vitalstoffen langsam, aber unaufhaltsam fort. Deshalb kann auch Gefriergut die Frischkost nicht vollständig ersetzen.
Ungeeignet zur vollwertigen Ernährung sind die handelsüblichen Konserven und Fertiggerichte. Sie enthalten zuwenig Vitalstoffe, aber oft zuviel Zucker,

Salz und nicht selten auch chemische Konservierungsmittel. Deshalb sollte man sie strikt meiden.
Der heutige Mensch ist verweichlicht. Diese Feststellung gilt für alle Lebensbereiche, so auch bei der Ernährung. Wer an Rohkost nicht gewöhnt ist, wird deshalb nach der Ernährungsumstellung anfangs oft unter Verdauungsbeschwerden (vor allem Blähungen, Völlegefühl) leiden. Die Verdauungsorgane sind einfach nicht in der Lage, sich so schnell auf die neue Beanspruchung umzustellen. Dem beugt man vor, indem man zunächst Obst-, Gemüse- und Kräutersäfte verwendet, die gewöhnlich problemlos vertragen werden. Allmählich erhöht man dann den Anteil an fester Rohkost. Nach einer gewissen Gewöhnungszeit wird sie ebenfalls beschwerdefrei vertragen. Wenn die Verdauungsbeschwerden fortbestehen, weist das auf behandlungsbedürftige Erkrankungen im Bereich des Verdauungssystems hin, die sobald wie möglich vom Fachmann untersucht werden sollten.
Vollwertige Ernährung kommt ohne Fleischprodukte aus. Die ausgewogene vegetarische Gesundkost ist der normalen Mischkost sogar an gesundheitlichem Wert überlegen. Wer sich nicht zu dieser fleischlosen Ernährung entschließen will, sollte aber wenigstens den Fleischanteil seiner täglichen Kost deutlich vermindern.

Ratschläge zur vollwertigen Kost

Nicht wenige Menschen meinen immer noch, gesunde Ernährung müsse gleichbedeutend mit fader Schonkost sein. Besonders starke Vorurteile dieser Art werden gegen die vegetarische Ernährung laut. Tatsächlich kann man vollwertige Kost mit oder ohne Fleisch aber sehr abwechslungsreich und wohlschmeckend gestalten. Das hängt nicht so sehr davon ab, wie man sich ernährt, sondern vor allem von der Kreativität beim Kochen. Wer mit den zahlreichen Möglichkeiten, die vollwertige Kost bietet, nichts anzufangen weiß, wird vermutlich auch die übliche Zivilisationskost wenig abwechslungsreich gestalten.
Ein Blick in eines der vielen Kochbücher für gesunde oder vegetarische Ernährung beweist, wie wenig die verbreiteten Vorurteile heute noch berechtigt sind. Auch das eingangs erwähnte Kochbuch des Autors über die »Biologische Ernährung« enthält zahlreiche Rezepte und Menüvorschläge für die wohlschmeckende Gesundkost.
Es kann nicht Aufgabe des vorliegenden Buches sein, ausführliche Anweisungen zur vollwertigen Ernährung im Sinne eines Kochbuchs zu geben. Einige Anregungen zur Gestaltung des Speisezettels und Rohkostrezepte sollen aber

veranschaulichen, wie man sich ohne viel Mühe gesund, wohlschmeckend und abwechslungsreich ernähren kann.
Die Rezepte gelten – wenn nichts anderes angegeben – jeweils für 1 Person.

Speisezettel für 3 Tage

1. Tag

Frühstück:	150 ml Orangensaft, Kollath-Frischkornbrei (Rezept 1), 1 Scheibe Knäckebrot mit 5 g Butter oder Margarine und Kräuterquark; Kräutertee, schwacher Schwarztee oder koffein- und röststoffarmer, ungesüßter Kaffee.
2. Frühstück:	Apfelmüsli.
Mittagessen:	griechischer Salat, Frühlingskräutersuppe, Hähnchen in Rotwein mit Mais; Kräutertee oder Mineralwasser.
Zwischenmahlzeit:	Melonensalat.
Abendessen:	Champignonsalat, Bouillonkartoffeln mit Möhren-Tomaten-Gemüse aus der Folie; Kräutertee oder Mineralwasser.
	– 2311 Kalorien/9674 Joule –

2. Tag

Frühstück:	150 ml Traubensaft, Porridge mit 100 ml schwarzem Johannisbeersaft, 1 Scheibe Vollkornbrot mit 5 g Butter, mit frischen Kräutern bestreut, 1 kleine Tomate; Kräutertee, schwacher Schwarztee oder röststoff- und koffeinarmer, ungesüßter Kaffee.
2. Frühstück:	1/8 l Grapefruitsaft, 1 Pfirsich.
Mittagessen:	Rohkostplatte (Rezept 1), Gemüsesuppe, Kräuterfisch aus der Folie mit Petersilienkartoffeln; Kräutertee oder Mineralwasser.
Zwischenmahlzeit:	Apfelschnee.
Abendessen:	Blumenkohl, exotisch, mit Kartoffeln aus der Alufolie; Kräutertee oder Mineralwasser.
	– 2326 Kalorien/9737 Joule –

3. Tag

Frühstück:	150 ml Apfelsaft, Apfel-Möhren-Müsli, 1 Scheibe Knäckebrot mit Tomatenjoghurt; Kräutertee, schwacher Schwarztee oder röststoff- und koffeinarmer, ungesüßter Kaffee.
2. Frühstück:	Aprikosencreme.
Mittagessen:	Eissalat, Spinatreis; Kräutertee oder Mineralwasser.
Zwischenmahlzeit:	Rhabarbercreme.
Abendessen:	Rote-Bete-Salat; Kräutertee oder Mineralwasser.
	– 2327 Kalorien/9741 Joule –

Rohkostrezepte

Die folgenden Rezepte sollen veranschaulichen, wie abwechslungsreich und wohlschmeckend man gesunde Ernährung durch enzymreiche Rohkostgerichte gestalten kann. Zahlreiche weitere Anregungen dazu finden sich in dem mehrfach genannten Kochbuch des Autors über »Biologische Ernährung«, dem diese Rezepte entnommen wurden.

Ananasjoghurt

1/2 Becher Magermilch-joghurt,
1 EL Magermilch,
50 g Ananas
(möglichst frisch oder Reformhauskonserve).

Die Magermilch mit dem Joghurt sahnig schlagen. Die Ananas in Stücke schneiden, zum Joghurt geben und sofort verzehren. (Ananas fördern durch ihren Enzymgehalt die Verdauung.)

131 Kalorien/548 Joule

Ananassalat
(für 2 Personen)

1/2 mittelgroße Ananas,
200 g Sahnequark,
2 EL Magermilch,
1 TL Fruchtzucker,
20 g geschälte Mandelsplitter,
10 g Butter.

Die der Länge nach halbierte Ananas aushöhlen und den harten Kern entfernen. Das Fruchtfleisch in Würfel schneiden.
Quark und Magermilch mit dem Schneebesen schlagen, mit dem Zucker abschmekken und einige Zeit kalt stellen.
Die Mandelsplitter in Butter kurz anrösten.
Das Fruchtfleisch der Ananas mit der Quark-Magermilch-Masse vermischen, in die Höhlung der halben Ananas füllen und die Mandelsplitter darauf verteilen.

Pro Person: 414 Kalorien/1733 Joule

Apfel-Bananen-Müsli

4 EL Vollkornhaferflocken,
6 EL Magermilch,
1 Apfel,
1/2 Banane,
je 1 TL Honig und Rosinen,
1 TL Zitronensaft.

Die Haferflocken über Nacht in der Milch einweichen.
Am Morgen den Apfel mit Schale und Kerngehäuse grob raffeln, die Banane schälen und in Scheiben schneiden.
Apfel, Banane und Rosinen mit Haferflokken und Milch mischen, den Honig hinzufügen, mit Zitronensaft abschmecken und sofort verzehren.

321 Kalorien/1344 Joule

Apfel-Möhren-Müsli

1 Apfel,
2 Möhren,
1 EL Weizenkleie,
1 TL Weizenkeime,
1/2 Becher Magermilchjoghurt,
1 EL gehackte Nüsse,
2 Prisen Fruchtzucker,
1 TL Zitronensaft.

Den Apfel mit Schale und Kerngehäuse grob raffeln. Die Möhren putzen, waschen und in Scheiben schneiden. Den Joghurt mit 1 Prise Zucker verrühren.
Apfel, Möhren und Kleie vermischen, mit Zitronensaft und dem restlichen Zucker abschmecken und den Joghurt darauf verteilen. Die Nüsse und Weizenkeime darüberstreuen und sofort verzehren.

286 Kalorien/1197 Joule

Apfelmüsli

1 Apfel,
1/2 EL Zitronensaft,
1/2 Becher Magermilch-joghurt,
1 TL grob gehackte Haselnüsse,
1 TL Fruchtzucker.

Den Apfel waschen, das Kerngehäuse entfernen und auf einer Glasreibe grob raspeln. Danach sofort Zitronensaft hinzufügen.
Den Joghurt mit Nüssen und Zucker gut vermischen. Den Apfel in einer Schale aufhäufen und die Joghurtsauce dazugeben.

140 Kalorien/586 Joule

Apfel-Sellerie-Salat

1 mittelgroßer Apfel,
500 g Sellerie,
1 EL Magermilchjoghurt,
1 TL Magermilch,
je 1 Prise Vollsalz und Fruchtzucker,
1 EL Schnittlauch.

Den Apfel waschen und entkernen, den Sellerie unter fließendem kaltem Wasser kräftig abbürsten.
Den Joghurt mit Milch, Salz und Zucker gut zu einer Marinade vermischen.
Nun den Apfel auf einer Glasreibe raffeln, den Sellerie raspeln und beides unter ständigem Rühren mit der Marinade vermischen. (Das Umrühren verhindert, daß der Apfel dunkel wird.)
Den fertigen Salat mit gehacktem Schnittlauch garnieren und sofort verzehren.

80 Kalorien/335 Joule

Grapefruitsalat

Je 1 Grapefruit und Banane,
je 1/2 Orange und Apfel,
1 TL Fruchtzucker,
1/2 EL feinhackte Mandeln.

Die Grapefruit halbieren, das Fruchtfleisch aus der Schale lösen und in kleine Stücke schneiden. Die Banane schälen und in Scheiben schneiden. Die Orange schälen und in kleine Stücke schneiden. Den Apfel mit Schale und Kerngehäuse grob raffeln. Das Obst in einer Schale gut mischen, mit Zucker abschmecken, die Mandeln darüberstreuen und sofort verzehren.

270 Kalorien/1130 Joule

Eissalat

250 g (etwa 1/4 Kopf)
Eissalat,
1 Tomate,
1 kleine Möhre,
1/2 Paprikaschote,
1/2 Becher Magermilch-
joghurt,
je 1/2 EL Keimöl,
Weinessig und Tomaten-
mark,
1/2 TL Dill,
je 1 Prise Vollsalz
und Fruchtzucker,
Saft von 1 ausgepreßten
Knoblauchzehe.

Den Eissalat waschen und abtropfen lassen. Tomate, Möhre und Paprika waschen. Den Eissalat grob zerkleinern, die Möhre in Scheiben schneiden, die Tomate achteln, die Paprika in Streifen schneiden und alle Zutaten in einer Salatschüssel vermischen. Den Joghurt mit dem Öl verquirlen, Essig, Tomatenmark, Knoblauchsaft und Dill einrühren, mit Zucker und Salz abschmecken und über den Salat geben. Kurz ziehen lassen und bald verzehren.

264 Kalorien/1105 Joule

Fruchtsalat
(für 2 Personen)

1 Orange,
1 Banane,
1 Birne,
1 Aprikose oder Pfirsich,
50 g Erdbeeren
oder Himbeeren,
50 g Kirschen,
Trauben oder anderes Obst
(je nach Jahreszeit),
1 TL Fruchtzucker,
Saft von 1/2 Zitrone.

Die Orange halbieren, auspressen und den Saft in eine Schale geben, wenn nötig etwas süßen. Die Banane schälen und in Scheiben schneiden, die Birne ohne Kerngehäuse in Stücke schneiden und mit Zitronensaft beträufeln.
Banane und Birne sofort in den Orangensaft geben.
Aprikose oder Pfirsich entsteinen und in Stücke schneiden, Erdbeeren oder Himbeeren halbieren und zusammen mit den entsteinten Kirschen, Trauben oder anderem Obst in die Schale geben. Alles gut mischen, 1/2 Stunde im Kühlschrank durchziehen lassen und in Kelchgläsern anrichten.

Pro Person: 176 Kalorien/737 Joule

Griechischer Salat

1/2 Kopfsalat,
2 kleine Tomaten,
1 Paprikaschote;

Marinade:
1/4 Zwiebel,
2 EL Olivenöl,
1 EL Kräuteressig,
1 Prise Knoblauchpulver,
1 Prise Vollsalz,
50–60 g Ziegenkäse,
4–6 Oliven.

Den Salat putzen, waschen und in einem Sieb abtropfen lassen. Die Tomaten waschen und achteln. Den Paprika waschen, Kerne und Scheidewände entfernen und die Schoten in Streifen schneiden. Den Kopfsalat zerkleinern und mit Tomaten und Paprika vermischen.
Die Zwiebel in kleine Stücke schneiden, mit Essig und Öl vermischen, mit Knoblauchpulver und Salz abschmecken und über den Salat gießen.
Den Ziegenkäse zerbröckeln und auf dem Salat verteilen, mit Oliven garnieren und sofort verzehren.

304 Kalorien/1273 Joule

Grüner Salat mit Joghurt

1/2 Kopfsalat,
3 EL Magermilchjoghurt,
1 EL Magermilch,
je 1 TL Kresse,
Kerbel und Petersilie
(alles feingehackt),
1 Prise Vollsalz.

Den Kopfsalat gründlich waschen, zerteilen und abtropfen lassen oder das Wasser ausschleudern.
Den Joghurt mit der Milch, den Kräutern und dem Salz zur Marinade mischen.
Die Salatblätter auf dem Teller anrichten und die Marinade darübergießen.

65 Kalorien/272 Joule

Joghurtcocktail

Je 50 g Erdbeeren,
Kirschen und Ananaswürfel
(frisch oder Reformhauskonserve),
je 1 Mandarine und Kiwi,
Saft von 1/2 Orange,
1 Becher Magermilchjoghurt,
1 Schuß Rotwein.

Die Erdbeeren und Kirschen waschen, die Kirschen entsteinen und in Stücke schneiden. Die Mandarinen schälen und die Schnitze halbieren. Die Kiwi schälen und in Scheiben schneiden. Das Obst gut durchmischen, die Ananaswürfel hinzufügen und kurze Zeit durchziehen lassen.
Den Joghurt mit Orangensaft und Rotwein verquirlen, über das Obst geben und sofort verzehren.

248 Kalorien/1038 Joule

Kollath-Frischkornbrei

Rezept 1: mit Obst

20 g Weizenvollkorn,
8 EL Wasser,
100 g Äpfel
(oder anderes Obst),
10 g Datteln,
Feigen oder Rosinen,
10 g gehackte Mandeln,
1 EL Honig.

Am Abend die Weizenkörner mit der Schrotmühle oder der grob eingestellten Kaffeemühle zerkleinern und mit 5 Eßlöffeln Wasser über Nacht einweichen. Die Trockenfrüchte zerkleinern und mit 3 Eßlöffeln Wasser ebenfalls über Nacht kalt einweichen.
Morgens Weizenschrot, Trockenfrüchte und Einweichwasser gut vermischen.
Apfel (oder anderes Obst) mit Schale und Kerngehäuse grob raffeln und mit dem Brei vermischen. Den Honig zum Abschmecken hinzufügen und mit den Mandeln bestreuen.

253 Kalorien/1059 Joule

Rezept 2: mit Gemüse

50 g Weizenvollkorn,
100 g Möhren,
50 g Tomaten,
3 EL Magermilchjoghurt,
Gewürzkräuter.

Den Weizen wie bei Rezept 1 über Nacht einweichen.
Am Morgen die Möhren grob raspeln, die Tomaten in kleine Stücke schneiden und beides unter den Brei mischen. Mit Joghurt gut durchrühren und mit Kräutern abschmecken.

250 Kalorien/1047 Joule

Melonensalat

150 g Melone,
50 g Magermilchjoghurt,
je 1 Prise Ingwer
und Fruchtzucker,
einige Mandelsplitter.

Die Melone schälen, entkernen und würfeln. Den Joghurt mit Ingwer und Zucker abschmecken und gut vermischen.
Melone und Joghurtsauce einige Zeit kalt stellen.
Dann die Sauce über die Melone gießen, mit Mandelsplittern garnieren und sofort kühl verzehren.

141 Kalorien/590 Joule

Möhren-Paprika-Quark

100 g Magerquark,
1 Paprikaschote,
100 g Möhren,
fertige Kräutermischung,
1 Prise Vollsalz.

Die Möhren putzen, waschen und grob raspeln. Die Paprikaschote waschen, Kerne und Scheidewände entfernen und in Würfel schneiden.
Den Quark mit den Kräutern und dem Salz sahnig schlagen, Paprika und Möhren hinzufügen, alles gut vermischen und sofort verzehren.

173 Kalorien/724 Joule

Rohkostplatten

Rezept 1

1/2 Kopfsalat,
5 Radieschen,
50 g Kresse,
1 kleine Möhre,
1/2 Apfel,
1 Tomate,
1/4 Zwiebel;

Marinade:
je 2 EL Keimöl
und Kräuteressig,
Saft von 1/2 Zitrone,
je 1 Prise Vollsalz
und Fruchtzucker;

zum Garnieren:
einige Zwiebelringe,
1 TL feingehackte
Petersilie.

Den Kopfsalat waschen und abtropfen lassen. Die Radieschen putzen, waschen und in dünne Scheiben schneiden. Die Kresse putzen, waschen und abtropfen lassen. Möhre und Apfel waschen und grob raspeln. Die Tomate waschen und achteln, die Zwiebel in Ringe schneiden (einen Teil davon zum Garnieren übriglassen).
Alles miteinander mischen und auf einer mit dem Kopfsalat ausgelegten Salatplatte anhäufen.
Öl, Essig und Zitronensaft zur Sauce verrühren, mit Zucker und Salz abschmecken und über den Salat gießen. Mit Petersilie und Zwiebelringen garnieren und sofort verzehren.

128 Kalorien/536 Joule

Rezept 2

Je 1 Tomate, Möhre
und Paprikaschote,
30 g Feldsalat,
1/2 Radicchio,
je 1/4 Salatgurke
und Sellerieknolle,
4–6 gekochte Blumenkohlröschen (Reste vom Vortag),
1 hartgekochtes Ei,
4 Oliven;

Marinade:
40 g Magermilchjoghurt,
1 EL Keimöl,
Saft von 1/2 Zitrone,
Salatkräuter,
1 Prise Meersalz;

zum Garnieren:
1 hartgekochtes Ei,
4 Oliven.

Alle Zutaten gründlich waschen und abtropfen lassen. Die Tomate in Viertel schneiden, die Möhre grob raspeln, die Paprikaschote von Kernen und Scheidewänden befreien und in Streifen schneiden, den Feldsalat putzen, den Sellerie grob raspeln, das Ei in Achtel schneiden, die Gurke in Scheiben schneiden, die Oliven entkernen und halbieren.
Die Rohkostzutaten bunt auf einer Platte verteilen. Danach aus Joghurt und Öl eine Marinade zubereiten, mit Zitronensaft, Salatkräutern und Salz abschmecken und über der Rohkost verteilen.
Mit den Eiachteln und Olivenhälften garnieren und sofort verzehren.

451 Kalorien/1888 Joule

Rezept 3

2 kleine Tomaten,
1 kleiner Rettich,
je 50 g Möhren-
und Mandarinenschnitze,
einige Kopfsalatblätter;

Sauce:
1 EL Magermilch,
je 1 Prise Vollsalz
und Fruchtzucker;

zum Garnieren:
Streifen von grünem Paprika,
3 Oliven,
1/2 EL feingehackte
Petersilie.

Die gewaschenen Salatblätter auf eine Salatplatte legen. Rettich und Möhren gründlich unter fließendem Wasser bürsten, grob raspeln und getrennt voneinander auf den Salatblättern anhäufen. 8 Mandarinenschnitze kreisförmig um Rettich und Möhren legen. Die Tomaten vierteln und je ein Viertel zwischen 2 Mandarinenschnitze einstecken.
Die Zutaten zur Salatsauce gut vermischen und über den Salaten verteilen.
Die Oliven entkernen und halbieren, zusammen mit den Paprikastreifen und Petersilie als Garnitur auf der Rohkostplatte verteilen und sofort verzehren.

132 Kalorien/553 Joule

Rettichquark

150 g Magerquark,
150 g Schwarzrettich,
10 g Weizenflocken,
je 1 Prise Kümmel
und Vollsalz.

Den Rettich putzen, waschen, grob raspeln und mit dem Quark vermischen. Mit Kümmel und Salz abschmecken.
Auf einem Salatteller anrichten, die Weizenflocken darüberstreuen und sofort verzehren.

202 Kalorien/846 Joule

Rote-Bete-Apfel-Quark

100 g Magerquark,
100 g rote Bete,
1 kleiner Apfel,
2 EL Reibekäse,
je 1 EL Magermilch
und Obstessig,
je 1 Prise Fruchtzucker
und Meersalz,
1 TL Dill.

Die rote Bete putzen, waschen, in Wasser garen und in Scheiben schneiden. Den Apfel teilen, das Kerngehäuse entfernen und auf einer Glasreibe grob raffeln.
Den Quark mit Milch, Essig, Käse, Salz, Zucker und Dill zur Marinade verrühren.
Die Rote-Bete-Scheiben in einen Salatteller legen, den geriebenen Apfel darauf verteilen, mit Salatsauce begießen und sofort verzehren.

246 Kalorien/1028 Joule

Salatplatte mit Sauerkraut

80–100 g Sauerkraut
aus dem Reformhaus,
einige Kopfsalatblätter,
je 1/2 Apfel und Orange;

Sauce:
1/8 l Buttermilch,
1 TL Tomatenmark,
1 Prise zerstoßener
Kümmel.

Die Salatblätter waschen, abtropfen lassen oder das Wasser ausschleudern und auf dem Salatteller verteilen. Den Apfel grob raspeln, mit dem Sauerkraut vermischen und auf den Salatblättern anhäufen. Orangenfilets darauf verteilen.
Die Buttermilch mit Tomatenmark und Kümmel gut verrühren und über den Salat gießen.

138 Kalorien/578 Joule

Russischer Salat

20 g grüne Bohnen,
einige Blumenkohlröschen,
1 kleine Möhre,
2 EL Erbsen,
1 EL Maiskörner;

Sauce:
1 EL Magermilchjoghurt,
1/2 EL Zitronensaft,
je 1 Prise Salz und Pfeffer;

zum Garnieren:
1/2 hartgekochtes Ei,
1 EL gehackte Petersilie.

Die Blumenkohlröschen und Bohnen gründlich waschen und in Salzwasser gar kochen. Die Bohnen abtropfen lassen, in kleine Stücke schneiden und zusammen mit den Blumenkohlröschen in eine Salatschüssel geben.
Die Möhren gründlich waschen, in Scheiben oder Würfel schneiden und zusammen mit den Erbsen und Maiskörnern (Reformhauskonserve) hinzufügen. Alle Gemüsezutaten gut vermischen.
Den Joghurt mit etwas Gemüsewasser und dem Zitronensaft gut vermischen, mit Pfeffer und Salz abschmecken und mit dem Salat vermischen.
Das halbe Ei in Würfel schneiden und zusammen mit der Petersilie zum Garnieren verwenden.

140 Kalorien/586 Joule

Sauerkrautsalat

100 g Sauerkraut
aus dem Reformhaus,
1/2 Apfel,
1 kleine Möhre,
1 Scheibe Ananas (frisch
oder Reformhauskonserve);

Marinade:
50 g Magermilchjoghurt,
je 1 EL Keimöl
und Weinessig,
je 1 Prise Vollsalz
und Fruchtzucker.

Die Möhre und den Apfel gründlich waschen. Den Apfel halbieren, Kerngehäuse entfernen, Apfel und Möhre grob raspeln. Die Ananasscheibe in kleine Stücke schneiden.
Sauerkraut mit Apfel, Möhre und Ananas gut vermischen und kurz durchziehen lassen.
Inzwischen aus Joghurt, Öl und Essig die Marinade zubereiten, mit Zucker und Salz abschmecken und über den Salat gießen. Nochmals kurz durchziehen lassen, dann bald verzehren.

258 Kalorien/1080 Joule

Tomaten-Möhren-Joghurt

1 Tomate,
1/2 Möhre,
1 Becher Magermilchjoghurt,
je 1 EL Magermilch,
Reibekäse und
Tomatenmark,
1 Prise Vollsalz.

Die Möhre putzen, waschen und raspeln, die Tomate waschen und in Würfel schneiden.
Den Joghurt mit Milch, Käse, Tomatenmark und Salz sahnig verquirlen, die Möhre daruntermischen und die Sauce über den Tomaten verteilen. Gut vermischen und sofort verzehren.

215 Kalorien/900 Joule

Tomaten-Paprika-Salat

2 Tomaten,
1/2 grüne Paprikaschote;

Sauce:
50 g Magerquark,
1 EL Magermilch,
1 EL Tomatenmark,
1 Prise Vollsalz;

zum Garnieren:
1 TL frische Kresse.

Die Tomaten waschen und in Scheiben schneiden. Die Paprikaschote waschen, von Kernen und Scheidewänden befreien und in schmale Streifen schneiden. Den Quark mit Milch und Tomatenmark zur Sauce vermischen, mit Salz abschmecken und auf den Tomaten verteilen. Die Paprikastreifen darauf verteilen und mit gehackter Kresse garnieren.

122 Kalorien/511 Joule

Heilanzeigen der Enzyme

Die moderne Enzymforschung begann mit der Entdeckung des Verdauungsenzyms Pepsin im Magensaft. Kurz danach folgten die Bauchspeicheldrüsenenzyme Trypsin und Lipasen. Bald erkannte man die praktische Bedeutung dieser Verdauungsenzyme und verordnete sie zunehmend häufiger gegen verschiedene Verdauungsstörungen. Bis heute gehören Verdauungsbeschwerden zu den häufigsten Anwendungsgebieten der Enzymtherapie.
Damit erschöpfen sich ihre Heilanzeigen aber noch lange nicht. Entsprechend den vielfältigen Aufgaben, die von den Biokatalysatoren bei fast allen Lebensvorgängen erfüllt werden müssen, kommen sie auch bei einer Vielzahl anderer Erkrankungen allein oder ergänzend zur Behandlung in Betracht. Viele dieser Heilanzeigen sind bisher nur wenig bekannt – das gilt leider auch für Mediziner.
Enzyme zeichnen sich durch zuverlässige, manchmal erstaunliche Wirkung bei sehr guter Verträglichkeit aus. Selbst bei Langzeitanwendung über Jahre bis Jahrzehnte hinweg (zum Beispiel zur Vorbeugung von Gesundheitsstörungen) sind normalerweise keine unerwünschten Begleiterscheinungen, Nebenwirkungen oder Wechselwirkungen mit anderen Arzneimitteln zu erwarten. Deshalb erhält man auch die meisten Enzymmedikamente rezeptfrei in Apotheken. Nur wenige dieser Spezialitäten, die dann meist noch andere Wirkstoffe enthalten, müssen vom Arzt verordnet werden.
Der freie Verkauf der meisten Enzymspezialitäten darf jedoch nicht zur unkritischen Selbstbehandlung verleiten. Voraussetzung jeder gezielten Therapie ist immer die richtige Diagnose. Bei vielen Erkrankungen kann sie nur vom Arzt oder Heilpraktiker gestellt werden. Das beste Arzneimittel muß wirkungslos bleiben, wenn es auf Grund einer falschen Selbstdiagnose eingenommen wird. Daher muß sich die Selbsthilfe auf leichtere, eindeutig erkennbare Gesundheitsstörungen beschränken. Natürlich sind Enzyme auch bei ernsteren Erkrankungen angezeigt, bleiben dann aber der Verordnung durch den Therapeuten vorbehalten.
Wer sich an diese einfache Grundregel hält, die übrigens nicht allein für die Enzymtherapie, sondern für jede Form der Selbstbehandlung gilt, kann die Heilkraft der Enzyme sinnvoll und ohne Gesundheitsrisiken nutzen.
Vorsicht ist geboten bei Menschen, die unter Erkrankungen mit erhöhtem akutem Blutungsrisiko oder gestörter Blutgerinnungsfähigkeit leiden. Gleiches gilt für Patienten mit Neigung zu allergischen Reaktionen.

Allergiker können selbst testen, ob sie ein bestimmtes Enzymmedikament ohne Überempfindlichkeitsreaktion vertragen. Dazu wird zunächst nur eine kleine Dosis des Arzneimittels gemäß der Anweisung auf dem Beipackzettel eingenommen und abgewartet, ob sich eine Reaktion zeigt. Ist das nicht der Fall, kann zur Normaldosis übergegangen werden, andernfalls wird man – wenn der Therapeut nicht ausdrücklich etwas anderes verordnet – auf die Enzymtherapie mit diesem Arzneimittel verzichten müssen. Bei Blutungsgefahr und Blutgerinnungsstörungen werden Enzyme nur dann verabreicht, wenn der Arzt oder Heilpraktiker zugestimmt hat.
Im folgenden stellen wir die wichtigsten Anwendungsgebiete der Enzymtherapie zur Vorbeugung und Behandlung von Krankheiten vor.

Verdauungsstörungen – eine »Volksseuche«

Die Verdauungsarbeit gehört zu den Merkmalen aller Lebewesen, angefangen bei den Einzellern über Pflanzen und Tiere bis hin zum Menschen. Ohne die Umwandlung der Nahrungsbestandteile in eine Form, die vom Organismus dann zur Energiegewinnung, zum Aufbau von körpereigener Substanz oder zum Anlegen von Reserven verwendet werden kann, ist Leben in der uns bekannten Form undenkbar.
Bei der Verdauung spielen die verschiedenen Verdauungsenzyme, wie Amylasen, Lipasen, Pepsin und Trypsin, eine zentrale Rolle. Ihre Funktionen wurden bisher am gründlichsten erforscht, und die Enzymtherapie von Verdauungsbeschwerden gehört heute ebenso wie die Diagnose mancher Erkrankungen der Verdauungsorgane (vor allem der Leber und Bauchspeicheldrüse) mit Hilfe von Enzymen zur Routine in der Praxis des Arztes oder Heilpraktikers.
Der Verdauungsvorgang beginnt bereits im Mund. Hier wird die Nahrung mechanisch möglichst sorgfältig zerkleinert und mit dem Speichel vermischt. Er stammt aus den großen Drüsen bei den Ohren, am Unterkiefer und unter der Zunge sowie aus den kleinen Speicheldrüsen am Gaumen, in der Wangenschleimhaut, an der Zungenspitze und den Lippen. Die Ausführungsgänge dieser Drüsen münden alle in die Mundhöhle.
Speichel besteht zu über 99% aus Wasser. Der Rest setzt sich aus Salzen, Schleim- und Eiweißstoffen zusammen. In den Eiweißen sind Enzyme enthalten, die bereits im Mund mit der Aufspaltung der Nahrung beginnen – vorausgesetzt, diese wird ausreichend lange gekaut und gut eingespeichelt. Diastasen

und Ptyalin (die Amylase des Speichels) sind dabei zuständig für die Stärkeverdauung, Maltasen für die Zuckerverwertung und die Lipasen für die Vorverdauung (»Andauung«) der Fette.

Je gründlicher die Nahrung im Mund zerkleinert und eingespeichelt wird, desto besser und schneller kann sie dann im eigentlichen Verdauungsakt weiterverdaut und verwertet werden. Hastiges Verschlingen der Speisen rächt sich immer – bald nach dem Essen nur durch Magenbeschwerden, auf längere Sicht aber durch chronische Verdauungsstörungen und Erkrankungen der Verdauungsorgane.

Nach dem Schlucken gelangt der zerkleinerte, teilweise verflüssigte und angedaute Nahrungsbrei durch die Speiseröhre in den Magen. Hier wirkt der saure, enzymreiche Magensaft ein. Er wird aus bestimmten Zellen der Magenschleimhaut abgesondert. Die Tagesproduktion an Magensaft richtet sich nach der Art der Ernährung und kann bis zu 2 l betragen.

Magensaft besteht hauptsächlich aus Schleim. Dieser bindet (puffert) einen Teil der Salzsäure im Magen, so daß die Schleimhaut nicht angedaut werden kann und der Säurewert im Magen normalerweise nicht unter pH 3,5 sinkt. (Da eine Lösung desto saurer ist, je niedriger ihr pH-Wert liegt, bedeutet das, daß die Zahl nicht über 3,5 betragen darf.)

Unter dem Einfluß der Magensäure entsteht aus der Enzymvorstufe Pepsinogen (Propepsin), die in der Magenschleimhaut gebildet wird, das verdauungsaktive Enzym Pepsin. Es dient der Verdauung von Nahrungseiweißen und kann nur bei ausreichend saurem Milieu im Magen wirken. Säurewerte unterhalb von pH 3,8 lassen Pepsin völlig unwirksam werden. Ein solches zu schwach saures Milieu im Magen entsteht vor allem bei chronischen Magenleiden, insbesondere chronischen Entzündungen der Magenschleimhaut, die zu deren allmählichem Schwund führen können. Weitere Ursachen einer Untersäuerung (Hyp-, Subazidität) sind bestimmte chirurgische Eingriffe am Magen mit teilweiser Entfernung des Organs, Alkoholmißbrauch oder zu reichlicher, regelmäßiger Genuß von Pfefferminztee.

Oft tritt Magensäuremangel zusammen mit verminderter Produktion von Magensaft auf, das muß aber nicht immer der Fall sein. Als Folge kommt es zu Magendrücken, chronischer Blutarmut (auch zur besonders gefährlichen perniziösen Anämie) und anderen Mangelkrankheiten, weil die Nahrungsbestandteile nur noch unzureichend verdaut werden. Auch Sodbrennen kann trotz der Untersäuerung auftreten.

Erfahrungsgemäß neigen chronische Magenkrankheiten mit Magensäuremangel auch eher zur krebsigen Entartung.

Die Therapie bleibt stets dem Fachmann vorbehalten, der neben säurehaltigen Arzneimitteln vor allem verschiedene Enzymgemische (bevorzugt aus Ananas und Carica papaya) verordnen wird.

Noch ehe die Enzymvorstufe Pepsinogen im Magen aktiviert wird, beginnt bereits das zweite wichtige Magenenzym seine Arbeit, das Kathepsin. Es wirkt ebenso wie Pepsin auf die Nahrungseiweiße, ist aber nicht auf einen bestimmten ph-Wert des Magensaftes angewiesen. Die Natur hat mit Kathepsin gleichsam eine Art »Notbremse« eingebaut, die auch bei Magensäuremangel verhindert, daß die Nahrung nahezu unverdaut in den Zwölffingerdarm gelangt.
Neben Pepsin und Kathepsin enthält der Magensaft noch geringe Mengen an Lipasen, die für die weitere Vorverdauung der Nahrungsfette zuständig sind.
Sobald der Speisebrei im Magen enzymatisch ausreichend aufgeschlossen wurde, gelangt er portionsweise durch den Magenausgang (Pförtner) in den Zwölffingerdarm. Hier münden die Ausführungsgänge der beiden großen Verdauungsdrüsen Leber (mit Gallenblase) und Bauchspeicheldrüse in den Verdauungskanal ein.
Aus der Leber stammt vor allem der für die Fettverdauung wichtige Gallensaft. Zum Teil wird er in der Gallenblase eingedickt gespeichert und bei Bedarf in den Zwölffingerdarm abgegeben, teilweise kommt er direkt aus der Leber in den Verdauungskanal. Die Galle enthält selbst keine Enzyme, erleichtert aber den Lipasen im Darm die Fettverdauung.
Die Absonderung des enzymreichen Verdauungssafts aus der Bauchspeicheldrüse wird durch das Hormon Sekretin in Gang gebracht, sobald der Nahrungsbrei aus dem Magen in den Zwölffingerdarm gelangt. Das Bauchspeicheldrüsensekret enthält die Verdauungsenzyme Amylasen (Diastasen), Lipasen, Chymotrypsin und Trypsin, die als alkalische Enzyme nur im basischen Milieu des Darms wirksam werden.
Die Amylasen dienen der weiteren Aufspaltung der Stärke im Nahrungsbrei. Lipasen sind für die Verdauung der durch den Gallensaft entsprechend vorbereiteten (emulgierten) Nahrungsfette zuständig. Chymotrypsin und Trypsin werden in ihren inaktiven Vorstufen Chymotrypsinogen und Trypsinogen aus der Bauchspeicheldrüse abgesondert und erst im Darm durch ein anderes Enzym, die Enterokinase, in ihre aktive Form umgewandelt. Sie dienen beide der weiteren Verdauung der Nahrungseiweiße.
Im Darmsaft wirkt schließlich noch das Enzym Erepsin. Es wandelt die durch Pepsin (Magen) und Trypsin aus dem Nahrungseiweiß entstandenen Eiweißverbindungen im Aminosäuren um. Damit kann der Organismus im Stoffwechsel dann körpereigenes Eiweiß aufbauen.
Die komplizierten biochemischen, durch Enzyme gesteuerten Verdauungsprozesse im Darm können leicht gestört werden. Die ungenügende Verdauung führt dann vor allem zu Gärungs- und Fäulnisprozessen im Darm, die mit starken Blähungen, Völlegefühl, Unverträglichkeit bestimmter Speisen, Unregelmäßigkeiten beim Stuhlgang (Verstopfung, Durchfall oder beides im Wechsel) und vielen Mangelkrankheiten einhergehen, da die mangelhaft ver-

dauten Nahrungsbestandteile nur unzureichend verwertet werden können. Das bunte Symptomenbild, das sich natürlich nicht nur aus Enzymmangel erklären läßt, und die vielfältigen Ursachen solcher meist chronischen Verdauungsbeschwerden erfordern immer gründliche fachmännische Untersuchung und eine Therapie, die in erster Linie auf die Beseitigung der Ursachen zielt. Enzym-Arzneimittel spielen dabei eine sehr wichtige Rolle, genügen aber nicht in jedem Fall, um die Erkrankung vollständig auszuheilen. Die Verordnung der Therapie, die im allgemeinen durch Diät unterstützt werden soll, bleibt stets dem Fachmann vorbehalten.
Die Verdauungsenzyme bilden ein kompliziertes System, dessen biochemische Prozesse ineinander übergreifen. Deshalb kann schon der Mangel an einem einzigen Enzym genügen, um die gesamte Verdauungsarbeit nachhaltig zu stören. Von einer Enzymkette im eigentlichen Sinn, bei der die Enzyme miteinander verkettet sind, kann aber nicht gesprochen werden.
Zu den häufigsten Ursachen der verbreiteten Verdauungsstörungen gehören Erkrankungen der Leber, Gallenblase, Bauchspeicheldrüse, des Magens und Darms. Unter anderem führen solche Krankheiten dazu, daß die Ausschüttung von enzymreichen Verdauungssäften gehemmt oder die Wirksamkeit der Enzyme vermindert wird. Zwar kommt es selten vor, daß überhaupt keine wirksamen Verdauungsenzyme mehr ausgeschüttet werden, oft sind die enzymproduzierenden Schleimhäute und Verdauungsdrüsen aber so erschöpft, daß sie zu wenig oder minderwertige Enzyme bereitstellen.
Das hängt häufig mit der heute üblichen Ernährung zusammen. Schon allein durch ihren übermäßigen Kalorien-, Fett- und Zuckeranteil stellt sie eine erhebliche Belastung der Verdauungsorgane dar, auf die diese von der Natur nicht vorprogrammiert wurden. Gelegentliche Kostentgleisungen könnten sie noch problemlos auffangen, die ständige Überbelastung im Lauf des Lebens führt aber zu ihrer Erschöpfung.
Hinzu kommt, daß die Zivilisationskost in allen Industrienationen zu einer paradoxen Ernährungssituation geführt hat. Einerseits leiden immer mehr Meschen unter schädlichem Übergewicht als Folge der »Luxusernährung«, andererseits nehmen Mangelkrankheiten (Mangel an Vitaminen, Mineralsalzen und Spurenelementen) immer mehr zu. Der Organismus leidet also buchstäblich »Hunger bei vollen Töpfen«.
Zwar treten die eigentlichen, schweren Mangelkrankheiten (wie Skorbut durch Vitamin-C-Mangel) heute in den Kulturstaaten nicht mehr auf. Dafür kommt es zu leichteren, aber andauernden Mangelzuständen, die wegen ihrer unklaren Symptomatik häufig lange Zeit übersehen werden. Gerade von der ausreichenden Zufuhr der Vitalstoffe, die als Koenzyme für die Wirkung vieler Enzyme unentbehrlich sind, hängt es aber entscheidend ab, ob wir uns gesund oder chronisch krank fühlen.

Im Prinzip gibt es zwei Möglichkeiten zur Therapie von Verdauungsbeschwerden, die mit Enzymmangel in Zusammenhang stehen.
Direkt und sofort wirkt die *Substitutionstherapie,* das heißt Zufuhr der fehlenden Enzyme in Form von Arzneimitteln. Einige gut bewährte Enzymmedikamente dieser Art gegen chronische Verdauungsbeschwerden werden später in der Liste bewährter Enzymmedikamente (s. S. 86) angegeben.
Mit der Zufuhr dieser Enzyme allein ist es aber nicht getan. In den meisten Fällen wird man zusätzlich andere Vitalstoffe zuführen müssen, damit den Apoenzymen ausreichend Koenzyme zur Verfügung stehen. Am besten geschieht das durch vollwertige Ernährung, wie sie weiter vorne beschrieben wird. Bei Bedarf können auch einige Zeit synthetische Vitalstoffe (Arzneimittel mit Vitaminen, Mineralsalzen und Spurenelementen) verabreicht werden. Gerade von den Vitaminen wissen wir aber, daß auf längere Sicht die natürlichen aus der Nahrung den synthetischen an Wirksamkeit und Verträglichkeit überlegen sind.
Als 2. therapeutische Möglichkeit bieten sich indirekt und deshalb langsamer wirkende Arzneimittel zur Anregung der Produktion von enzymreichen Verdauungssäften an. Sie setzen ergänzend gleichfalls vollwertige Ernährung voraus. Vor allem die Bittermittel (Amara) aus verschiedenen Heil- und Gewürzkräutern eignen sich sehr gut zu diesem Zweck.
Auf den ersten Blick erscheint die 2. Therpieform naturnäher. Allerdings trifft das nicht in jedem Fall zu. Manche Erkrankungen der Verdauungsorgane erfordern rasche Hilfe, wie sie bei Enzymmangelzuständen eben nur von Enzymmedikamenten zu erwarten ist. Außerdem können die enzymproduzierenden Verdauungsdrüsen und Schleimhäute schon zu erschöpft sein (vor allem nach jahre- bis jahrzehntelanger Fehlernährung oder Erkrankung), als daß sie noch ausreichend Enzyme ausschütten könnten. In solchen Fällen kommt man ohne Substitutionstherapie nicht aus. Notfalls müssen die Enzyme sogar lebenslang regelmäßig eingenommen werden, wenn auf andere Weise keine bleibende Besserung oder Heilung zu erzielen ist.
Oft enthalten Enzymmedikamente aber neben Verdauungsenzymen auch noch verdauungsfördernde Kräuter, so daß die Verdauungsstörung von beiden Seiten (direkt und indirekt) angegangen wird. Die Enzyme bewirken eine rasche Besserung, die Verdauungskräuter normalisieren allmählich die Ausschüttung von Enzymen und die Sekretion der Verdauungssäfte.
Welche Therapie dem Einzelfall angemessen ist, muß der Fachmann abhängig von seiner Diagnose entscheiden. Im Vordergrund der Therapie steht in jedem Fall das Ziel, die körpereigene Produktion von Enzymen anzuregen, so daß nach Besserung zumindest die Tagesdosis an Enzymmedikamenten herabgesetzt werden kann. Nebenwirkungen und andere Gesundheitsschäden

sind aber auch dann nicht von den Enzymen zu erwarten, wenn sie lange Zeit eingenommen werden müssen.
Die Vorbeugung von Verdauungsbeschwerden durch Einnahme von Enzym-Arzneimitteln ist möglich, im Grunde aber wenig sinnvoll. Das verführt eher dazu, eine falsche Ernährungsweise beizubehalten, die irgendwann doch – trotz Enzymeinnahme – zu Gesundheitsschäden führt.
Deshalb sollte die Vorbeugung von Verdauungsstörungen in erster Linie in einer sinnvollen Reform der Ernährung bestehen. Wenn in der Übergangszeit Verdauungsbeschwerden als Folge der Kostveränderung – insbesondere des vermehrten Verzehrs ungewohnter Rohkost – auftreten, kann die vorübergehende Anwendung von Enzymmedikamenten (am besten kombiniert mit anderen verdauungsfördernden Wirkstoffen) ebenso angezeigt sein wie bei akuten Verdauungsstörungen als Folge einer zu schweren, blähenden oder in anderer Weise belastenden Mahlzeit.
Das »Schicksal« der Nahrungsbestandteile endet nicht mit der Verdauung im Darm. Die eigentliche Verwertung beginnt erst, wenn sie über die Darmzotten ins Blut, Fette zum Teil auch ins Lymphsystem, gelangt sind. Dann beginnt der Stoffwechsel, in dessen Verlauf aus den verdauten Nahrungsbestandteilen in zahlreichen biochemischen Prozessen Energien, Baustoffe für körpereigene Substanz und Reserven entstehen.
Bei allen diesen Stoffwechselprozessen spielen verschiedene Enzyme eine entscheidende Rolle. Störungen der normalen Auf- und Abbauvorgänge können durch Enzymdefekte (etwa durch Erbanlagen, die zur falschen Reihenfolge der Aminosäuren in der Polypeptidkette eines Enzyms führen) und Blockade der Enzymwirkung (zum Beispiel durch Giftstoffe) entstehen. Manchmal sind sie nicht lange mit dem Leben vereinbar.
Einen Teil der Stoffwechselstörungen können wir heute bereits durch Enzymtherapie heilen, bei anderen ist noch keine wirksame Hilfe möglich. Selbstbehandlung kommt bei Stoffwechselstörungen durch Enzymfehler natürlich nicht in Frage, dazu sind viele dieser Erkrankungen zu ernst. Der Laie könnte durch falsche Enzymbehandlung eher noch mehr Schaden anrichten.
Die Fortschritte der Enzymforschung lassen für die Zukunft erwarten, daß auch immer mehr schwere Stoffwechseldefekte mit Hilfe der Enzyme in den Griff zu bekommen sind, selbst wenn sie heute für den Patienten noch ein Todesurteil bedeuten.
Auf die hochkomplizierten Stoffwechselprozesse kann im Rahmen dieses Buchs nicht mehr weiter eingegangen werden.

Erkältung, Grippe und andere Virusinfektionen

Seit dem Beginn des 20. Jahrhunderts hat sich die durchschnittliche Lebenserwartung für einen Bewohner eines Industriestaats fast verdoppelt. Entscheidenden Anteil daran hatten die moderne Bakteriologie und Hygiene. Mit ihrer Hilfe gelang es, Bakterien als Verursacher vieler Infektionskrankheiten zu entlarven, die früher epidemieartig ganze Landstriche entvölkerten, viele Frauen im Kindbett sterben ließen und Kinder schon in jungen Jahren dahinrafften. Neben Louis Pasteur, der die Grundlagen der modernen Bakteriologie und Hygiene schuf und die ersten Schutzimpfungen einführte, sind in diesem Zusammenhang vor allem noch *Ignaz Semmelweis* (1818–1865), der als »Retter der Mütter« die Ursachen des Kindbettfiebers aufklärte, der Bakteriologe *Gerhard Domagk* (1895–1964), der für die Entwicklung der ersten wirksamen Arzneimittel gegen bakterielle Infektionskrankheiten (Sulfonamide) im Jahre 1939 mit dem Nobelpreis für Medizin ausgezeichnet wurde, und der englische Bakteriologe *Sir Alexander Fleming* (1881–1955), der bereits 1929 das erst später in die Therapie bakterieller Infektionen eingeführte Penicillin in Schimmelpilzkulturen fand und für diese bahnbrechende Entdeckung 1945 den Nobelpreis für Medizin erhielt, zu nennen.
Heute stehen der Medizin einige 1000 Arzneimittel zur Verfügung, die gegen **Bakterien** wirksam sind und denen viele Menschen Gesundheit oder sogar das Leben verdanken. Die Tatsache, daß immer mehr Bakterien bereits unempfindlich gegen eine ganze Reihe von Antibiotika geworden sind, kann diesen Triumph der modernen Medizin nicht schmälern.
In erster Linie erklärt sich das nämlich aus dem unkritischen Gebrauch dieser Heilmittel bei allen möglichen Erkrankungen, die eine solche Therapie oft überhaupt nicht erforderten. Da die Antibiotika dabei oft viel zu gering dosiert wurden, konnten Bakterien überleben und ihre Unempfindlichkeit (Resistenz) bei der Vermehrung an ihre Nachkommen weitergeben. Der Mensch selbst hat also durch Unwissenheit und Unvernunft dazu beigetragen, daß seine wichtigsten und wirksamsten Waffen im Kampf gegen Bakterien an Wirkung einbüßten.
Ganz anders sieht es bei den Infektionskrankheiten aus, die durch **Viren** hervorgerufen werden. Die bekanntesten und verbreitetsten Viruserkrankungen sind Erkältung und Grippe. Seit einiger Zeit häufen sich aber in aller Welt die Herpes-Infektionen, die zu einer Art neuer »Geschlechtskrankheit« zu werden drohen. Zusammenhänge zwischen Viren und multipler Sklerose, neuerdings

sogar zu Krebs, werden diskutiert, konnten bisher aber noch nicht mit letzter Sicherheit nachgewiesen werden.
Während uns in den Antibiotika und Sulfonamiden hochwirksame Arzneimittel gegen bakterielle Infektionen zur Verfügung stehen, gibt es bisher noch keine vergleichbaren Medikamente gegen Viren. Einige Antibiotika schädigen lediglich wenige der großen Viren, die noch komplizierter strukturiert sind. Das erklärt sich aus den Eigenarten der Viren, die genaugenommen eigentlich nicht mehr zu den Lebewesen gehören, sondern im Grenzbereich zwischen Leben und toter Materie anzusiedeln sind. Zum Teil lassen sich Viren sogar als Eiweißkristalle darstellen, und das ist eindeutig eine Eigenschaft toter Materie. Mit ihrer Größe von weniger als 0,2–0,02 Mikrometer (1 Mikrometer entspricht 1/1000 mm) stehen sie ebenfalls zwischen den kleinsten Bakterien und den größten Molekülen der unbelebten Materie.
In ihrer chemischen Struktur ähneln die Viren den Trägern der Erbeigenschaften (Gene), also der toten Materie. Sobald sie aber in Kontakt mit lebenden Zellen geraten, erwachen sie zu einer Art »geborgtem Leben«. Mit Hilfe ihrer Enzyme fressen sie ein Loch in die Wände der Zellen, durch das dann ihre Erbeigenschaften eindringen. Diese zwingen die Zellen nun, so lange neue Viren aus ihrem eigenen Zellmaterial zu produzieren, bis sie sich selbst zerstört haben.
Auf Grund ihrer Eigenschaften der toten Materie kann man Viren nicht wie Bakterien auf künstlichen Nährböden züchten und studieren. Sie sind auch zu winzig, als daß man sie im normalen Lichtmikroskop erkennen könnte. Lediglich einige große Viren lassen sich durch bestimmte Färbemethoden auch unter dem Lichtmikroskop sichtbar machen, alle anderen aber nur mit Hilfe des Elektronenmikroskops. Da sie eher zur toten Materie gehören, zeichnen sich die meisten Viren durch hohe Widerstandsfähigkeit gegen schädliche äußere Einflüsse aus. Hitze und Kälte können ihnen wenig anhaben, gegen viele Desinfektionsmittel werden sie rasch unempfindlich, Antibiotika schädigen nur wenige der großen Viren, die relativ seltene Krankheiten hervorrufen, und oft erwachen scheinbar abgetötete Viren bald wieder zu neuem Leben.
Natürlich gibt es auch stark wirksame chemische Substanzen, die Viren den Garaus machen. Meist können sie aber nur zur Desinfektion außerhalb lebender Organismen eingesetzt werden, weil sie lebende, empfindlichere Zellen viel eher als die Viren schädigen.
Trotzdem sind wir den Viren nicht hilflos ausgeliefert, sonst müßten wir alle schon bald nach der Geburt an einer Virusinfektion sterben. Die Natur hat lebende Organismen mit einem sehr wirksamen Abwehrsystem ausgestattet. Mit Hilfe verschiedener komplizierter Abwehrregulationen wird der gesunde Körper rasch mit den eindringenden Viren (und natürlich auch mit Bakterien)

fertig. Erst wenn diese Abwehrkräfte geschwächt sind, können die Viren eine akute Infektionskrankheit hervorrufen.
Auf der Grundlage dieser Erkenntnisse beruhen die heute möglichen Vorbeugungs- und Therapiemöglichkeiten gegen Viruserkrankungen. Einfachste und natürlichste Form der Vorbeugung und Therapie ist der Versuch, die körpereigene Abwehr so zu aktivieren, daß sie mit den Viren rasch aus eigener Kraft fertig wird.
Dazu gehört vor allem die regelmäßige Abhärtung und eine vollwertige Ernährung, die alle Funktionen des Körpers pflegt und stärkt, also auch die Fähigkeit zur raschen und wirksamen Abwehr erhöht.
Gezielte Vorbeugung ermöglichen die verschiedenen *Schutzimpfungen.* Sie fördern die Bildung von Abwehrstoffen, die zu ganz bestimmten Viren wie der Schlüssel zum Schloß passen. Diese kreisen dann jahre- bis jahrzehntelang im Blut und sind sofort zur Stelle, wenn eine Infektion erfolgt. Der nicht geimpfte Organismus dagegen, der auch noch nie zuvor Kontakt mit einem bestimmten Virus hatte, muß diese maßgeschneiderten Abwehrstoffe bei einer Infektion erst noch bilden. Ferner gibt es noch die Möglichkeit, mit bereits vorhandenen Abwehrstoffen aus anderen Organismen zu impfen, wenn der Verdacht besteht, daß bereits eine Infektion erfolgte.
Die Möglichkeiten der modernen Medizin bei Virusinfektionen sind also ziemlich begrenzt. Da es Schutzimpfungen keineswegs gegen alle Viren gibt und sie außerdem nicht mehr angezeigt sind, wenn bereits eine akute Virusinfektion zum Ausbruch gekommen ist, können viele Viruserkrankungen nur durch *Arzneimittel* behandelt werden, welche die Symptome lindern. Mit den Ursachen – also den eingedrungenen Viren – muß sich der Körper letzten Endes selbst auseinandersetzen. Das gilt vor allem für die verbreiteten Erkältungskrankheiten und Herpes-Infektionen.
Gegen Grippe wurde zwar eine Schutzimpfung entwickelt, sie geriet in den letzten Jahren aber ins Kreuzfeuer der Kritik. Im Gegensatz zu den meisten anderen Schutzimpfungen, die lebenslange Immunität verleihen, wirkt die Grippeimpfung nur etwa 1 Jahr lang. Außerdem steht sie inzwischen in dem begründeten Verdacht, zwar vor der echten Grippe *(Influenza epidemia)* einigermaßen zuverlässig zu schützen, den Verlauf einfacher Erkältungskrankheiten aber unter Umständen erheblich zu komplizieren und auch eine ganze Reihe anderer Nebenwirkungen hervorzurufen. Deshalb wird die Grippeschutzimpfung heute nicht mehr pauschal allen Menschen empfohlen, sondern nur noch jenen, die besonders infektionsgefährdet sind.
Ein Ausweg aus der Ohnmacht der Medizin gegen Viren zeichnet sich inzwischen bereits ab. Wieder sind es die Enzyme, die uns einen entscheidenden Schritt weiterbringen können. In verschiedenen Versuchen, die vor allem an

Pflanzen und Tieren, zum Teil aber auch schon mit Menschen, durchgeführt wurden, erwiesen sich manche Enzyme als wahre »Viruskiller«.
Der Wirkungsmechanismus konnte zwar noch nicht in allen Teilen exakt aufgeklärt werden, im Grunde ist er aber so verblüffend einfach, daß man sich wundert, weshalb nicht schon früher jemand darauf gekommen ist.
Viren bestehen aus Eiweiß. Sie werden deshalb von eiweißauflösenden Enzymen angegriffen, wie sie auch im Darm zur Verdauung der Nahrungseiweiße notwendig sind. Der Haken dabei ist nur: Die Viren können sich gegen den Angriff der Enzyme wehren. Daran ist die Natur »schuld«, die alle Eiweißstoffe mit Schutzmechanismen gegen die Zerstörung durch Enzyme ausgestattet hat, solange sie sich in einer lebenden Zelle befinden. Das war lebensnotwendig, um zu verhindern, daß die Enzyme die körpereigene Substanz verdauen. Leider kommt das aber auch den Viren zugute. Sobald sie Kontakt mit einer lebenden Zelle aufgenommen haben und sich durch klebrige Fibrinablagerungen an sie heften, können ihnen die Enzyme nichts mehr anhaben.
Es gilt also, Enzyme rechtzeitig gegen Virusinfektionen einzunehmen, solange dieser Schutz noch nicht besteht. Wenn im Organismus ausreichend Enzyme ständig auf der Lauer liegen und jedes eindringende Virus sofort angreifen, ehe es sich in den Schutz einer lebenden Zelle flüchtet (die dafür zerstört wird), kann es nicht zum Ausbruch einer akuten Infektionskrankheit kommen.

Erkältung und Grippe

Wie zuverlässig die Enzyme zum Beispiel vor Erkältung und Grippe schützen, beweist überzeugend eine Langzeitstudie von Professor Dr. Max Wolf mit kanadischen Soldaten. Sie erhielten vorbeugend ein geeignetes Enzymgemisch. In der Folgezeit blieben zwei Drittel aller Versuchsteilnehmer, die gewöhnlich mehrmals jährlich unter Erkältung oder Grippe litten, ganz davon verschont. Die restlichen Teilnehmer erkrankten nur leicht, kein einziger schwerer Grippefall trat ein.
Ein derart gutes Ergebnis kann man von keinem anderen vorbeugenden Mittel, das zudem noch absolut frei von Nebenwirkungen bleibt, erwarten. Die Grippeschutzimpfung bewahrt lediglich vor echter Grippe, aber nicht vor Erkältungen – und das um den Preis möglicher erheblicher Nebenwirkungen. Folglich empfiehlt es sich, zumindest in Zeiten erhöhter Infektionsgefahr, wenn immer mehr Mitmenschen husten und niesen, am besten aber während der ganzen kühleren Jahreszeit, vorbeugend geeignete Enzymmedikamente einzunehmen. (Beispiele dazu finden Sie in der Liste bewährter Enzymmedikamente, S. 86.)
Dabei darf man aber nicht vergessen, daß vitalstoffreiche, gesunde Ernährung erst die notwendigen Koenzyme zur Verfügung stellt, die für die optimale Wirkung der Enzyme unentbehrlich sind. Hier zeigt sich einmal mehr, wie recht

die Naturheilkunde hatte, als sie – lange bevor man etwas von der Existenz der Viren, Enzyme und Vitamine wußte – gesunde Kost zur Vorbeugung von Infektionskrankheiten empfahl.

Inzwischen wissen wir auch, daß *Vitamin C* (L-Ascorbinsäure), eines der am häufigsten zur Abwehrsteigerung gegen Erkältung und Grippe empfohlenen Mittel, in seiner vorbeugenden Wirkung wahrscheinlich mit von der ausreichenden Enzymversorgung abhängig ist. Vermutlich erklärt sich daraus, weshalb Vitamin C bei manchen Menschen zuverlässig eine Virusinfektion verhütet, bei anderen aber wirkungslos bleibt.

Auch wenn die Zusammenhänge im einzelnen noch nicht genau bekannt sind, können wir doch davon ausgehen, daß Vitamin C als Koenzym wirkt. Es benötigt also einen Partner, das Apoenzym, ehe es wirksam werden kann. Wenn es diesen im Organismus nicht antrifft, wird es mit dem Urin rasch wieder ausgeschieden und kann die körpereigene Abwehr nicht aktivieren. Befinden sich aber ausreichend Enzyme im Körper, geht Vitamin C mit ihnen eine Verbindung zum Holoenzym ein und schützt ziemlich zuverlässig vor Erkältung, Grippe und anderen Infektionskrankheiten.

Umgekehrt gilt das natürlich auch: Ohne Vitamin C steht das Apoenzym den Viren machtlos gegenüber. Deshalb ist die Vorbeugung nur sinnvoll, wenn Enzyme und Vitamin C gleichzeitig zugeführt werden – entweder in natürlicher Form durch vollwertige, rohkostreiche Ernährung oder in Form von Arzneimitteln.

Bisher kann diese Empfehlung auf Grund von Untersuchungen nur zur Vorbeugung von Erkältung und Grippe gegeben werden. Es spricht aber kein vernünftiger Grund dagegen, daß auf die gleiche Weise auch andere Virusinfektionen verhindert werden können. Ein Versuch lohnt sich jedenfalls immer und führt nie zu unerwünschten Nebenwirkungen.

Aber auch wenn uns die Grippe oder Erkältung schon »erwischt« hat, können Enzyme noch mit gutem Erfolg angewendet werden. Zwar gelingt es jetzt nicht mehr, die eingedrungenen Viren zu vernichten, die sich bereits mit den lebenden Zellen verbunden haben. Ihre Nachkommen aber, die aus den infizierten Zellen hervorgehen, sind dem Angriff der Enzyme vorübergehend wieder ausgesetzt, ehe sie ein neues »Opfer« gefunden haben.

Deshalb verkürzt die Enzymtherapie in den meisten Fällen den Krankheitsverlauf und beugt Komplikationen vor, wie sie vor allem im Verlauf einer echten Grippe häufig auftreten. Darüber hinaus tragen die Enzyme dazu bei, daß Zelltrümmer (Überbleibsel der von Viren zerstörten Zellen) rasch abgebaut und der zähe Schleim in den Atmungsorganen verflüssigt wird. Das führt zu einer spürbaren Linderung der Symptome.

Gegen Bakterien, die im Verlauf einer Erkältung, vor allem aber bei einer echten Grippe, häufig hinzukommen und eine »Superinfektion« erzeugen, bleiben die Enzyme weitgehend wirkungslos. Bei Bakterien handelt es sich im Gegensatz zu den Viren ja um Lebewesen, die sich selbst gegen Angriffe der Enzyme schützen können. Deshalb kann in solchen Fällen bei Bedarf die zusätzliche Einnahme von Antibiotika oder Sulfonamiden nach ärztlicher Verordnung angezeigt sein. Wegen der zahlreichen Komplikationen, die im Verlauf der Influenza drohen (manche enden tödlich), sollte man ohnehin immer den Fachmann konsultieren, wenn Verdacht auf Grippe besteht. Banale Erkältungen dagegen lassen sich auch durch Selbsthilfe mit Enzymen, Vitamin C und anderen Arzneimitteln gegen die Symptome bald ausheilen.

Herpes-Infektionen

Da Grippe und Erkältung zu den häufigsten Erkrankungen gehören, die wohl jeder Mensch im Lauf seines Lebens aus eigener Erfahrung mehrmals – nicht selten regelmäßig jedes Jahr einmal oder häufiger – kennenlernt, steht die Enzymtherapie solcher Fälle natürlich im Mittelpunkt des Interesses. Deshalb darf man sie aber nicht auf diese Anwendungsgebiete beschränken.
Inzwischen liegen auch die ersten ermutigenden praktischen Erfahrungen mit Enzymen bei Herpes-Infektionen vor. Angesichts der von Fachleuten mit Sorge beobachteten weltweiten Zunahme der Herpes-Infektionen im Bereich der Geschlechtsorgane gewinnen Enzyme heute bei derartigen Erkrankungen immer mehr an Gewicht.
Wir unterscheiden zwei Herpesviren, die als *Typ A (Herpes simplex)* und *Typ B (Herpes simiae)* bezeichnet werden.
Typ A ist relativ harmlos und verursacht Gruppen stecknadelkopfgroßer Bläschen, die mit Hautrötung, Spannungsgefühl der Haut und Juckreiz einhergehen. Sie treten bevorzugt in der Umgebung von Mund, Lippen und Nase auf, aber auch auf der Mundschleimhaut, verkrusten und heilen auch ohne Behandlung nach einiger Zeit von selbst ab. Gefährlich wird das Virus erst, wenn es die Hornhaut des Auges *(Herpes corneae)* befällt und dort Geschwüre hervorruft oder gar auf das Gehirn übergreift und eine Entzündung (Herpes-Enzephalitis) erzeugt. Als Auslöser kommen verschiedene Ursachen in Frage, insbesondere Fieber, übertriebene Höhensonnenbestrahlung und Sonnenbäder.
Ferner können Zusammenhänge zur Monatsblutung der Frau oder zu Verdauungsstörungen bestehen. Nicht selten lassen sich die auslösenden Ursachen nicht genau ermitteln.
Eine gezielte, zuverlässig wirksame Therapie der Herpes-simplex-A-Infektion ist bisher nicht bekannt. Zur Linderung der Symptome werden vor allem medizinische Puder und Zinksalben angewendet. Auch wenn die Hauterscheinungen dadurch bald abklingen, kommt es in vielen Fällen doch immer wieder zu Rückfällen.

Enzyme können bei Herpes simplex auch keine Wunder wirken, obwohl man durch Enzymsalbe und gleichzeitige innere Enzymtherapie manchmal bereits nach einmaliger Anwendung eine deutliche Besserung erzielt, die rasch fortschreitet und keinen Rückfall mehr zuläßt. Fast immer führt die Enzymtherapie aber dazu, daß wenigstens die Zeitspanne bis zum nächsten Rückfall erheblich verlängert wird. Auch das bedeutet für die Betroffenen schon eine Erleichterung.
Möglicherweise wird man auf Grund weiterer Forschungsarbeiten irgendwann einmal eine Enzymmischung entwickeln, die solche Herpes-Infektionen rasch und dauerhaft ausheilt und zuverlässig verhindert, daß sie auf Augen oder Gehirn übergreifen.
Das Herpes-B-Virus, das den Fachleuten heute so viele Sorgen bereitet, ist oft noch hartnäckiger als das A-Virus. Es wird beim Geschlechtsverkehr übertragen und führt bevorzugt im Bereich der Geschlechtsorgane zu Entzündungen, die rasch chronisch werden und dann nur sehr schwer vollständig auszuheilen sind. Sie treten inzwischen in allen Industrienationen schon so häufig auf, daß man bereits von einer neuen, seuchenartigen Geschlechtskrankheit spricht, die mehr Probleme als die »klassischen«, durch Bakterien verursachten Geschlechtskrankheiten mit sich bringt.
Es gibt nämlich bisher kein zuverlässig wirksames Arzneimittel gegen diese Erkrankung, die anscheinend auch von der körpereigenen Abwehr nicht dauernd in Schach gehalten werden kann. Das Schlimmste kommt aber erst noch: Man vermutet, daß chronische Herpes-B-Infektionen maßgeblich mit zur Entstehung von Unterleibskrebs beitragen, vielleicht sogar als die einzige Ursache anzusehen sind. Wenn das tatsächlich zutrifft – und es spricht viel dafür –, ist der derzeit zu beobachtende Anstieg der Herpes-B-»Geschlechtskrankheiten« nur die Spitze eines Eisbergs, der in den nächsten Jahrzehnten eine deutliche Zunahme der Erkrankungen an Unterleibskrebs folgen könnte.
Aber auch bei dieser Virusinfektion lassen uns die Enzyme nicht im Stich. Mehrere Versuche, die zum Teil an Universitätskliniken durchgeführt wurden, ergaben bei einer 3monatigen Enzymtherapie mit Salben und innerlich anzuwendenden Enzymmedikamenten Heilungsquoten bis zu 80%, in allen anderen Fällen zumindest eine deutliche Besserung. Auch hier kann man in Zukunft auf Grund weiterer Erfahrungen noch spezifischer wirksame Enzym-Arzneimittel erwarten, die der Krankheit dann viel von ihrem Schrecken nehmen werden.
In Anbetracht der vermuteten Risiken der Herpes-B-Infektionen ist allen Betroffenen schon heute dringend zu einer Enzymkur zu raten, unabhängig davon, welche anderen Arzneimittel der in solchen Fällen stets aufzusuchende Arzt verordnet. Selbstverständlich darf man aber nur dann gute therapeutische Ergebnisse erwarten, wenn sich beide Geschlechtspartner der Behand-

lung unterziehen, andernfalls kommt es beim Geschlechtsverkehr immer wieder zu neuen Infektionen. Der Arzt muß auch deshalb aufgesucht werden, weil Laien eine Herpes-Infektion im Genitalbereich nicht von anderen Geschlechtskrankheiten unterscheiden können, die eine ganz andere Therapie erforderlich machen.

Gürtelrose

Besonders gute Behandlungsergebnisse mit Enzymen wurden bei einer durch quälende Nervenschmerzen gekennzeichneten anderen Virusinfektion erzielt, der Gürtelrose *(Herpes zoster)*. Die Medizin steht ihr noch ziemlich hilflos gegenüber und muß sich darauf beschränken, die starken Schmerzen zu lindern. Das gelingt oft nur unzulänglich.
Die Gürtelrose des Erwachsenen wird durch das Virus verursacht, das bei Kindern die harmlosen Windpocken hervorruft. Gewöhnlich verfügt der Erwachsene über ausreichend Abwehrkräfte, um den Ausbruch einer solchen Krankheit zu verhindern. Wenn es trotzdem zur Gürtelrose kommt, spricht das also für eine Abwehrschwäche. Aus Erfahrungen wissen wir, daß manchmal bereits Krebs im Vorstadium besteht.
Gürtelrose ist deshalb stets ein Anlaß, sich gründlich untersuchen zu lassen, damit eine mögliche (aber nicht unbedingt bestehende) Krebserkrankung noch rechtzeitig erkannt und gleich gezielt mitbehandelt wird. Auch bei Krebskranken, deren Abwehr durch chemische Arzneimittel stark geschwächt wird, tritt Gürtelrose (symptomatischer Zoster) häufiger auf.
Zwischen der Ansteckung und dem Ausbruch der akuten Krankheit vergehen 2–5 Wochen (Inkubationszeit). Die Ansteckung erfolgt wahrscheinlich durch Tröpfcheninfektion. Besonders gefährdet sind Familienangehörige, wenn Kinder unter Windpocken leiden. Die Ansteckungskraft (Virulenz) der Viren ist zwar nicht besonders groß, bei geschwächter Abwehr reicht sie aber aus.
Als Vorzeichen der Gürtelrose treten zunächst uncharakteristische Allgemeinsymptome auf, wie Abgeschlagenheit, chronische Müdigkeit und Gliederschmerzen. Sie halten einige Tage an. Dann kommt es plötzlich zu sehr heftigen Schmerzen im Versorgungsgebiet eines Nerven, zum Beispiel in einer Gesichtshälfte (Fazialis-, Trigeminusnerv), entlang einer Rippe oder in einem Oberschenkel. Sie können von Lähmungen (besonders am Fazialisnerven) und erhöhter Schmerz- und Berührungsempfindlichkeit begleitet werden. Fast nie treten die Schmerzen gleichzeitig rechts und links auf.
1–2 Tage nach dem Beginn der Nervenschmerzen bilden sich im Schmerzgebiet – in schweren Fällen (Zoster generalisatus – vor allem bei Krebs und Leukämie) auch am ganzen Körper – tiefrote Hautbläschen, die meist in Gruppen von etwa 6 cm Durchmesser angeordnet sind. Sie können einige Tage lang neu auftreten. Später vereitern sie oft und hinterlassen ohne Behandlung häß-

liche Narben. Bis zur Abheilung vergehen bei der üblichen Therapie etwa 2 Wochen.
Auch nach dem Verschwinden der Hauterscheinungen bleiben die quälenden Nervenschmerzen oft (vor allem bei älteren Menschen) noch wochen- bis monatelang bestehen. Sie können durch schmerzlindernde Arzneimittel, die vor allem Vitamine der B-Gruppe und stark schmerzdämpfende, an Nebenwirkungen reiche Substanzen (wie Mutterkorn) enthalten, nicht immer zufriedenstellend gebessert werden.
Als Komplikationen der Gürtelrose drohen Entzündungen der Hirnhaut und schwere Augenerkrankungen.
Angesichts der erstaunlich guten und rasch einsetzenden Wirkung der Enzyme bei Gürtelrose, die nicht mit der Gefahr unerwünschter Nebenwirkungen einhergeht, wie sie von den weniger gut wirksamen chemischen Schmerzmitteln immer zu befürchten sind, müßte es heute eigentlich schon als »Kunstfehler« des Therapeuten gelten, wenn er den Patienten nicht Enzymsalben und innerlich anzuwendende Arzneimittel mit Enzymgemischen verordnet.
Tatsächlich gehört die Enzymtherapie in der Schulmedizin bei Gürtelrose aber noch zu den Ausnahmen. Immer wieder kommen Patienten in die Praxis, die schon monatelang verschiedene starke Schmerzmittel einnehmen, ohne daß die Schmerzen dadurch wenigstens deutlich genug gemildert wurden, und deren Haut durch häßliche Vernarbungen entstellt ist, die besonders im Gesicht zu einer erheblichen seelischen Belastung werden. Oft kann ihnen innerhalb weniger Tage allein mit Enzymen noch geholfen werden.
So weit muß es aber überhaupt nicht kommen, wenn man gleich beim ersten Auftreten der Gürtelrosesymptome Enzyme verabreicht. Klinische Untersuchungen ergaben, daß die Symptomatik manchmal innerhalb weniger Stunden durch Enzymtherapie abklingt oder ganz verschwindet. Im Durchschnitt dauert es allerdings 2–4 Tage, ehe die Schmerzen verschwunden und die Hauterscheinungen ohne Narbenbildung und Eiterung abgeheilt sind. In schweren Fällen kann bis zur völligen Beschwerdefreiheit auch eine Woche vergehen. Dieser Zeitraum erscheint aber immer noch gering, wenn man bedenkt, daß die Nervenschmerzen sonst monatelang anhalten können. Bisher wurde noch kein einziger Fall beobachtet, in dem die Enzymtherapie bei Gürtelrose ohne Wirkung blieb.
Da die Schulmedizin die Enzymtherapie in der Behandlung der Gürtelrose noch sträflich vernachlässigt, bleibt dem Patienten oft nur die Möglichkeit, unabhängig von der ärztlich verordneten Therapie in eigener Verantwortung Enzyme äußerlich und innerlich anzuwenden. Einige dazu geeignete Enzymspezialitäten enthält die Liste bewährter Enzymmedikamente (s. S. 86). Die Selbsthilfe ist – ausgenommen bei Patienten mit erhöhtem Blutungsrisiko, Blutgerinnungsschwäche oder Allergien – ohne jede Gefahr möglich. Uner-

wünschte Wechselwirkungen mit den Arzneimitteln, die der Arzt gegen die Gürtelrose verordnete, sind nicht zu erwarten. In der Regel können diese Medikamente rasch abgesetzt werden. Sie wirken ohnehin nur gegen die Symptome.
Unter Umständen können Enzyme bei Gürtelrose auch vorbeugend eingenommen werden. Das empfiehlt sich dann, wenn man mit Kindern in Kontakt kam, die unter Windpocken litten. Zwar gibt es keine klinische Untersuchung, die Auskunft darüber erteilt, wie zuverlässig die vorbeugende Enzymtherapie in solchen Fällen den Ausbruch der Gürtelrose verhindert; entsprechend den weiter vorne schon erklärten Wirkungen der Enzyme auf Viren kann aber erwartet werden, daß die akute Erkrankung bei rechtzeitiger Enzymtherapie überhaupt nicht entsteht.
Naturgemäß läßt sich eine vorbeugende Wirkung nur sehr schwer nachweisen, weil man nie mit Sicherheit beurteilen kann, ob nicht auch die Abwehrkräfte des Körpers allein die Krankheit verhindert hätten. Für die Praxis ist das aber bedeutungslos, Hauptsache die Virusinfektion kommt nicht zum Ausbruch.

Andere Virusinfektionen

Grundsätzlich kann man von der Enzymtherapie auf Grund der heute bekannten Wirksamkeit gegen Viren bei allen Infektionskrankheiten, die durch solche Erreger hervorgerufen werden, gute vorbeugende und therapeutische Ergebnisse erwarten. Allerdings fehlt es bisher dazu noch an ausreichenden klinischen Erfahrungen. Das sollte den betroffenen Patienten nicht davon abhalten, bei jeder Virusinfektion die vom Therapeuten verordneten Behandlungsmaßnahmen mit (notfalls auch ohne) dessen Zustimmung durch Enzymkuren zu unterstützen. Ein Gesundheitsrisiko geht er damit nicht ein, oft genug kommt es aber erst unter dem Einfluß der Enzyme zu einer dramatischen Besserung und raschen, vollständigen Heilung.
Neben den Enzymen darf wieder die vollwertige, rohkostreiche Ernährung nicht vergessen werden, damit die Apoenzyme die zur Wirkung notwendigen Koenzyme in ausreichender Menge im Organismus vorfinden. Wenn die Enzymtherapie einmal nicht erwartungsgemäß wirkt, sollte man stets überprüfen, ob sich das nicht aus falsch zusammengestellter Kost erklärt.
Zu den Virusinfektionen, bei denen ein Versuch mit Enzymen empfohlen werden kann, gehören unter anderem noch *Warzen* (hier kann Enzymsalbe allein schon genügen), *Leberentzündungen* (Hepatitis epidemica), *Masern, Mumps, Kinderlähmung* und sogar die *Tollwut.*
Allerdings sollte man bei Virusinfektionen, gegen die es eine Schutzimpfung gibt, trotz der therapeutischen Möglichkeit der Enzymbehandlung nicht auf die Impfung verzichten. Das gilt vor allem für die Kinderlähmung, die seit einiger

Zeit wieder auf dem Vormarsch ist, weil die Impfbeteiligung merklich nachgelassen hat. Gerade bei so schweren Infektionskrankheiten darf man sich nicht auf ein Arzneimittel allein verlassen, sondern sollte die Gefahr einer akuten Erkrankung möglichst von vornherein ausschalten. Enzyme sind in solchen Fällen der letzte Ausweg, wenn der Verdacht auf eine Erkrankung besteht. Selbstverständlich muß bei Kinderlähmung, Tollwut, Leberentzündungen, Masern und auch bei Mumps immer der Fachmann konsultiert werden. Wenn er keine Enzyme verordnet, können sie auch in eigener Verantwortung zusätzlich zu den verschriebenen Medikamenten angewendet werden.
Auch bei den hier genannten Virusinfektionen ist Vorbeugung durch Enzyme ähnlich wie bei Erkältungen möglich, wenn man mit einem akut Erkrankten in Kontakt gekommen ist. Oft verhindert die Enzymtherapie, die so rasch wie möglich begonnen und einige Tage über die Inkubationszeit hinaus fortgesetzt werden sollte, dann den Ausbruch der Krankheit.
Beim Verdacht auf Tollwut wird trotz der Enzymtherapie unverzüglich der Arzt aufgesucht, damit sofort mit der Impfung begonnen werden kann. Nach heutigem Wissen ist die rechtzeitige Impfung die einzige Möglichkeit, den qualvollen Tod zu verhindern. Solange die Wirksamkeit von Enzymen in der Vorbeugung und Therapie der Tollwut noch nicht absolut sicher beurteilt werden kann, wäre es kriminell, auf die Schutzimpfung zu verzichten.
Als Inkubationszeit bezeichnet man die Zeitspanne zwischen der Infektion und dem Ausbruch der akuten Krankheit. Erst wenn diese Zeit abgelaufen ist, ohne daß Krankheitszeichen auftraten, kann man davon ausgehen, daß die Körperabwehr aus eigener Kraft mit den Viren fertig geworden ist. Da die Inkubation individuell etwas schwanken kann, empfiehlt es sich, die vorbeugende Enzymtherapie einige Tage länger durchzuführen. Dann kann man ganz sicher sein, daß die Erkrankung nicht doch noch mit Verspätung auftritt.
Die folgende Tabelle gibt die Inkubationszeiten einiger wichtiger Virusinfektionen und die empfohlene Dauer der vorbeugenden Enzymtherapie an.

Infektionskrankheit	**Inkubationszeit**	**Dauer der Enzymvorbeugung**
Erkältung	1–6 Stunden (die ersten Symptome treten oft sofort auf)	2–3 Tage (in Zeiten erhöhter Infektionsgefahr am besten dauernd)
Grippe (Influenza epidemica)	wenige Stunden bis 3 Tage	1 Woche (in Zeiten erhöhter Infektionsgefahr am besten dauernd)

Infektionskrankheit	Inkubationszeit	Dauer der Enzymvorbeugung
Gürtelrose	2–5 Wochen	6–8 Wochen
Herpes-Infektionen	nicht genau bekannt	etwa 4 Wochen lang
Kinderlähmung (bei Verdacht sofort zum Arzt)	4 Tage bis 5 Wochen	6–8 Wochen
Leberentzündung		
1) Hepatitis epidemica	15 Tage bis 2 Monate	2,5–3 Monate
2) Serumhepatitis	42 Tage bis über 4 Monate	5–6 Monate
Masern	10–14 Tage	etwa 3 Wochen
Mumps	14–21 Tage	etwa 4 Wochen
Tollwut (bei Verdacht sofort Impfung veranlassen)	14 Tage bis zu 1/2 (evtl. 1) Jahr	zusätzlich zur Impfung 6–12 Monate

Multiple Sklerose (M.S.)

Die multiple Sklerose gehört vor allem in Europa zu den häufigsten organischen Nervenkrankheiten. Sie beginnt meist zwischen dem 20. und 40. Lebensjahr. Häufig verläuft sie schubweise, also mit Zeiten der Besserung und nachfolgender Verschlechterung, manchmal aber auch chronisch fortschreitend.
Anatomisch liegen der Krankheit zahlreiche, unsystematisch im Gehirn und Rückenmark verteilte Krankheitsherde zugrunde, die durch Schwund der Markscheiden der Nervenfasern mit späterer Verhärtung (Sklerose) gekennzeichnet werden.
Die Symptomatik ist sehr vielfältig, abhängig davon, welche Abschnitte des zentralen Nervensystems von den Herden betroffen werden. Vor allem zu Anfang bestehen oft Sehstörungen mit Doppelbildern, Lähmungserscheinungen, unsicherer Gang, Blasenstörungen (unwillkürliche Harnentleerung), wechselnde Empfindungsstörungen und Schwindelgefühl. Der Therapeut kann bei der Untersuchung objektiv unter anderem Ausfall der Bauchdeckenreflexe und gesteigerte Sehnenreflexe, Zittern bei willkürlichen Bewegungen der Glieder (Intentionstremor) und Augenzittern (Nystagmus) nachweisen.

Die Erkrankung kann einen ungünstigen Verlauf nehmen und die Betroffenen zum Leben im Rollstuhl verurteilen, entgegen der verbreiteten Meinung besteht diese Gefahr aber keineswegs in allen Fällen.
Bisher sind die Ursachen der multiplen Sklerose noch nicht genau bekannt. Diskutiert wird unter anderem immer wieder die Rolle eines »langsamen« (Slow-) Virus. Darunter versteht man Viren, die durch eine lange Inkubationszeit charakterisiert werden. Das Tollwutvirus gehört mit einer Inkubationszeit bis zu 1 Jahr schon dazu, vermutlich gibt es aber auch Viren, die mehrere Jahre bis Jahrzehnte im Körper vorhanden sind, ehe sie zu akuten Symptomen führen. Möglicherweise sind sie auch mit für die Krebsentstehung verantwortlich. Sie können von der Körperabwehr entweder nicht als Krankheitserreger erkannt oder überhaupt nicht wirksam abgewehrt werden.
Einige Beobachtungen sprechen dafür, daß solche Slow-Viren bevorzugt Nervenzellen angreifen und diese allmählich schädigen, ohne daß man zunächst etwas davon merkt. Erst wenn schon schwere Zellschäden eingetreten sind, macht sich die Krankheit bemerkbar. Das könnte auch die Entstehung der multiplen Sklerose erklären. Bisher fehlen aber noch die sicheren Beweise für diese Arbeitshypothese, und es ist auch nicht klar genug erkennbar, ob noch andere Ursachen hinzukommen müssen. Immerhin bietet die Virustheorie einen Ansatzpunkt für die weitere Forschungsarbeit und eine wirksamere Therapie.
Die schulmedizinische Behandlung beschränkt sich bislang auf die Besserung der Symptome vor allem während eines akuten Krankheitsschubs. Hoffnungen auf bleibende Besserung oder gar vollständige Heilung ergeben sich aus diesen therapeutischen Möglichkeiten nicht. Die Naturheilkunde empfiehlt bei multipler Sklerose eine Diät, die von Dr. Evers entwickelt und heute von dessen Sohn am Fachkrankenhaus für Multiple Sklerose – Klinik Dr. Evers – in D-5768 Sundern-Langscheid (Telefon (0 29 35) 15 20 + 15 28) angewendet wird.
Die Schulmedizin steht der Evers-Diät noch sehr skeptisch bis ablehnend gegenüber. Die Erfolgsstatistik der letzten Jahrzehnte an der Fachklinik für M.-S.-Kranke bestätigt aber, daß multiple Sklerose auf diese Weise tatsächlich heilbar ist. Das gilt allerdings nur im Frühstadium für Patienten, deren Gang nur leicht gestört ist. Die Heilungsquote liegt dann bei 95%. Bei mittelschweren M.-S.-Fällen mit ausgeprägteren Gangstörungen sinkt sie rapide auf 10%, in schweren Fällen (Bewegungsunfähigkeit, Rollstuhl) kann die Spezialdiät nur noch in 2% aller Fälle eine deutliche Besserung oder Heilung bewirken.
Inzwischen gibt es aber neue Hoffnung für M.-S.-Kranke. Bei einer Reihe von Patienten konnte durch Enzymtherapie eine sehr deutliche, wenn auch nicht immer anhaltende Besserung erzielt werden, wie sie von der schulmäßigen M.-S.-Therapie nur selten erwartet werden kann. In manchen Fällen dauert

die Beschwerdefreiheit sogar schon so lange an, daß man von Heilung sprechen könnte. Allerdings sollen hier noch keine unberechtigten Hoffnungen geweckt werden.
Die Erprobung der Enzymtherapie bei multipler Sklerose steht noch ganz am Anfang, und es läßt sich heute noch nicht absehen, ob die weiteren Forschungsarbeiten tatsächlich zur Entwicklung noch gezielter wirksamer Arzneimittel führen. Immerhin zeigen die bisherigen Erfahrungen, daß man zumindest in einzelnen Fällen der Krankheit nicht machtlos gegenübersteht. Als besonders aussichtsreich erscheint die Kombination der Evers-Spezialdiät mit der Enzymtherapie.
Jeder M.-S.-Kranke sollte – gleichgültig, wie weit seine Krankheit schon fortgeschritten ist – seinen Arzt auffordern, einen Versuch mit Evers-Diät und Enzymtherapie (beide gleichzeitig) durchzuführen. Wenn dieser nicht darauf eingehen will, empfiehlt es sich, den Arzt zu wechseln. Die besten Aussichten auf die Durchführung der Diät-Enzym-Therapie bieten biologisch orientierte Ärzte (davon gibt es heute immer mehr; man erkennt sie am Zusatz »Naturheilkunde« auf dem Praxisschild) und erfahrene Heilpraktiker, die frei von den Vorbehalten und Vorurteilen der Schulmedizin alle therapeutischen Möglichkeiten ausschöpfen können.

Linderung von Entzündungen und Schmerzen

Wir leben in einer Umgebung, in der ständig schädliche Reize auf uns einwirken. Unser Überleben verdanken wir der Fähigkeit des Körpers, auf schädliche Einflüsse gleich welcher Art sofort zu reagieren. Ohne diese körpereigene Abwehr wäre schon ein banaler Schnupfen oder die geringfügigste Verletzung tödlich.
Träger der Körperabwehr sind Zellgewebe, Blutkörperchen, Blutgerinnungsfaktoren, Haut, Kreislaufregulation, Nervensystem und verschiedene innere Organe. Die zellulare Abwehr besteht vor allem aus Abwehrstoffen, die in den Geweben auf Krankheitserreger lauern und sie im günstigsten Fall sofort vernichten, ohne daß es zur Erkrankung kommt. Ferner gehört dazu die Fähigkeit, Gewebe eitrig einzuschmelzen (daran sind auch die weißen Blutkörperchen beteiligt), schädliche Stoffe durch eine Art Gewebswall abzukapseln, Giftstoffe abzubauen und Gewebe neu zu bilden, um Wunden und Defekte zu verschließen.
Das Blut ist an der Abwehr als Träger der weißen Blutkörperchen und anderer Abwehrstoffe beteiligt. Von besonderer Bedeutung ist seine Fähigkeit, bei of-

fenen Verletzungen rasch zu gerinnen und die Wunde zu verschließen, ehe der Blutverlust zu groß wird oder Erreger in den Körper eindringen.
Die im Blut kreisenden Abwehrstoffe richten sich entweder allgemein gegen Schädigungen jeder Art oder speziell gegen bestimmte Erreger von Krankheiten. Sie stammen zum Teil aus inneren Organen (vor allem Lymphknoten, Milz und Leber).
Die Haut widersteht Krankheitserregern, mechanischer Schädigung von außen und gleicht Temperaturunterschiede aus, die sonst zu Gesundheitsstörungen (vor allem Erkältung) führten.
Kreislauf- und Nervenregulationen schließlich gleichen Blutverluste aus, verhindern den Zusammenbruch des Organismus durch Giftstoffe, sind an Entzündungen beteiligt und schalten den Organismus auf Abwehr um (»vegetative Umschaltung«). Dazu dienen auch verschiedene Hormone, vor allem die aus den Nebennieren, deren Ausschüttung über das Zwischenhirn reguliert wird. Die vegetative Umschaltung bewirkt unter anderem, daß der Stoffwechsel so gesteuert wird, wie es für die Abwehr am besten ist, und Fieber entsteht, das Krankheitserreger empfindlicher für den Angriff der Abwehrstoffe macht.
An vielen dieser komplizierten biochemischen Prozesse sind auch Enzyme beteiligt. Im Kapitel über Erkältung, Grippe und andere Virusinfektionen haben wir schon erfahren, daß sie Viren unter bestimmten Voraussetzungen vernichten können. Das ist aber nur eine der Aufgaben von Enzymen im Rahmen der Körperabwehr.
Von entscheidender Bedeutung bei Verletzungen ist, daß sie die Blutgerinnung aktivieren, die verhindert, daß wir bei einer geringfügigen Verletzung schon verbluten. Später, wenn die Wunde vernarbt, wirken Enzyme wieder mit, indem sie die Veränderungen im Gewebe an der verletzten Stelle abbauen und so die normalen Funktionen wieder ermöglichen. Bei Entzündungen, die als Abwehrreaktionen bei vielen Schädigungen ablaufen, steuern die Enzyme die Abwehr mit, so daß sie nicht über das unbedingt notwendige Maß hinausschießt. Vor allem sind sie aber entscheidend an den Aufräumungsarbeiten beteiligt, die nach dem Abklingen der Entzündung in dem betroffenen Körpergebiet erforderlich werden, um wieder normale Verhältnisse herzustellen.
Die Bedeutung der Enzyme bei verschiedenen Abwehrregulationen ist zum Teil schon lange bekannt. Trotzdem kam man erst in neuerer Zeit auf den Gedanken, Enzymmedikamente gegen Entzündungen und bei Verletzungen zu erproben. Die Ergebnisse fielen überzeugend aus, haben sich aber noch nicht genügend herumgesprochen.
Deshalb gehört die Enzymtherapie mit Salben und innerlich anzuwendenden Enzymgemischen bei Entzündungen und deren Folgen (Schwellungen, Rötungen, übermäßige Schleimabsonderung, Hitzegefühl, Schmerzen) und bei

stumpfen oder offenen Verletzungen heute noch nicht zur Routine. Nur die Sportmedizin, die Hochleistungs- und teure Profisportler betreut, ergriff die Gelegenheit rasch beim Schopf. Viele Sportler erhalten heute schon (auch vorbeugend) Enzyme, um das Verletzungsrisiko zu vermindern oder bestehende Verletzungen schneller und ohne bleibende Schäden zu kurieren.
Was den Sportlern recht ist, sollte auch dem Nichtsportler billig sein. Es gibt für ihn keinen vernünftigen Grund, auf Enzyme, die »Geheimwaffen« der Sportmedizin, zu verzichten. Ihre Wirkung verblüfft oft. Schwellungen, Blutergüsse und Schmerzen verschwinden in einem Bruchteil der Zeit, die es sonst dauert, Wunden vernarben »bildschön« und schnell, ohne später Beschwerden zu verursachen, Entzündungen heilen rascher und ohne bleibende Schäden ab. Das gilt für alle Entzündungen, nicht nur für jene, die an der Körperoberfläche verlaufen. Deshalb können die Enzyme auch die Therapie von Entzündungen an Gelenken und inneren Organen ergänzen. Allerdings kommt man in solchen Fällen oft nicht ganz ohne andere Arzneimittel aus, die je nach Einzelfall vom Fachmann verordnet werden.
Die erstaunliche Wirkung der Enzyme, die manchmal wie ein »Wunder« anmutet, kann heute wissenschaftlich ziemlich genau erklärt werden. Sie beginnt damit, daß Enzyme für eine angemessene Reaktion der Abwehrregulationen auf Schäden sorgen. Das ist keineswegs selbstverständlich. Nicht selten schießen die Abwehrsysteme in ihrem erbitterten Kampf gegen schädliche Einflüsse nämlich weit übers Ziel hinaus und erzeugen dann krankhafte Veränderungen, die unter Umständen schlimmer als die ursprüngliche Schädigung sind. Rechtzeitig eingenommen verhindern Enzyme solche überschießenden Reaktionen noch.
Sie können sogar schon vorbeugend verabreicht werden, am besten äußerlich als Salbe und gleichzeitig innerlich. Das empfiehlt sich zum Beispiel vor größeren körperlichen Belastungen und ungewohnten Anstrengungen, insbesondere auch dann, wenn mit einem höheren Verletzungsrisiko zu rechnen ist. Viele Sportler gebrauchen Enzyme heute ganz selbstverständlich zur Vorbeugung, denn sie wissen aus Erfahrung, daß sie auf diese Weise Überlastungsschäden verhindern können und Verletzungen oft nur zu ganz geringfügigen Folgen führen.
Ferner tragen die Enzyme entscheidend zum Abbau des geronnenen Blutes und der Gewebstrümmer in den verletzten Körpergebieten oder der abgestorbenen Gewebsteile in entzündeten Körperregionen bei. Im Bereich der Atmungsorgane verflüssigen sie den bei Katarrhen abgesonderten Schleim, der dann leichter abgehustet werden kann.
Wenn der Körper Entzündungsherde durch einen Gewebswall abgekapselt hat, wird dieser beseitigt, damit die Gewebe wieder normal funktionieren. Selbst die Giftstoffe, die in entzündeten Körperregionen als Folge der Abbau-

vorgänge entstehen, werden von Enzymen abgebaut. Alles das beschleunigt die vollständige und komplikationslose Abheilung. Am deutlichsten erkennt man das bei Blutergüssen oder einem »blauen Auge«, wenn die Schwellung und Verfärbung sich erstaunlich schnell zurückbildet.
Der Abtransport der Abbauprodukte aus dem Entzündungsgebiet erfolgt über die Blutbahn. Enzyme beschleunigen diesen Vorgang, da sie das Blut dünnflüssiger machen und die Durchblutungsverhältnisse rascher als üblich normalisieren. Der beschleunigte Abtransport ist mindestens ebenso wichtig wie der Abbau von Gewebstrümmern und Giftstoffen. Wenn diese nämlich zu langsam weggeschwemmt werden, verschlackt das Gewebe, und es kommt zu dauernden Funktionsstörungen, nicht selten auch zu erneuten Entzündungen.
Als besonders wohltuend werden die Betroffenen es aber empfinden, wenn die Enzyme rasch die mit Entzündungen oder Verletzungen verbundenen Schmerzen lindern. Schmerzen entstehen auf biochemischem Weg, wenn schädliche Substanzen, die bei Verletzungen in Bruchteilen von Sekunden freigesetzt werden, Nervenenden reizen. Diese Schadstoffe werden durch Enzyme rasch abgebaut, die Schmerzen lassen deutlich nach oder verschwinden völlig. Das gilt nicht nur bei Schmerzzuständen als Folge von Entzündungen oder Verletzungen, sondern auch bei Schmerzen anderer Ursache. Selbst bei Krebs können die Schmerzen noch durch Enzyme zufriedenstellend gelindert werden.
Die meisten der üblichen Schmerzmittel wirken nicht auf die biochemischen Schmerzursachen am Ort der Entstehung, sondern betäuben den Schmerz nur zentral. Und diese Wirkung muß oft mit mehr oder minder deutlichen Nebenwirkungen bezahlt werden, die von den Enzymen nie zu befürchten sind.
Unerwünschte Begleiterscheinungen treten bei der Schmerz-, Entzündungs- und Wundbehandlung lediglich dann auf, wenn die Patienten unter Erkrankungen mit erhöhtem Blutungsrisiko (vor allem inneren Blutungen) oder allgemeiner Gerinnungsschwäche leiden, da die Enzyme das Blut dünnflüssiger werden lassen und dazu seine Gerinnungsfähigkeit herabsetzen, sowie bei manchen Formen der Allergie. Wie man sich in solchen Fällen verhält, wurde weiter vorne bereits erklärt.
Bei der Enzymbehandlung offener Wunden mit Salbe tritt gelegentlich vorübergehend leichtes, bedeutungsloses Brennen auf. Man kann dann bei Bedarf die Enzymsalbe mit Wasser verdünnt auftragen oder unverdünnt mehrmals täglich für jeweils mindestens 1/2 Stunde einwirken lassen und danach mit einem feuchten Gazebausch (nie Watte) wieder abwaschen.
Manchmal treten in Wunden oder Geschwüren nach Anwendung einer Enzymsalbe geringe Blutungen auf. Sie erklären sich aus der Verflüssigung der abgestorbenen Gewebsteile und sind für die Heilung günstig. Nur wenn sich stärkere Blutungen einstellen, muß die Anwendung sofort unterbrochen und

der Therapeut aufgesucht werden, denn dann besteht Verdacht auf eine Gerinnungsstörung.
Bei allen Entzündungen, Verletzungen und Schmerzzuständen nimmt man geeignete Enzymgemische (s. Liste bewährter Enzymmedikamente, S. 86) innerlich ein. Zusätzlich gebraucht man äußerlich Enzymsalbe, wenn die Symptome auch von außen zu beeinflussen sind. Das gilt für alle Wunden, Geschwüre und anderen Hauterscheinungen sowie für oberflächliche Entzündungen (vor allem der Gelenke und Muskeln).
Enzyme allein genügen nicht bei allen Entzündungen zur Behandlung. Vor allem bei entzündlichen Erscheinungen an inneren Organen wird es oft erforderlich werden, andere Arzneimittel (zum Beispiel Antibiotika) nach ärztlicher Anweisung einzunehmen. Immer können die Enzyme aber die Heilung deutlich beschleunigen, ohne daß es zu unerwünschten Wechselwirkungen mit den anderen Medikamenten kommt. Ihre Wirkung beginnt da, wo andere Pharmaka aufhören, beim Abbau und Abtransport der in Entzündungsherden anfallenden schädlichen Stoffe.
Bei Schmerzen darf man sich nie mit der schmerzlindernden Wirkung der Enzyme begnügen. Schmerzen sind Warnzeichen des Körpers, die unbedingt geklärt werden müssen, damit man die Ursachen gezielt behandeln kann. Enzyme können zur Therapie genügen, aber das ist nicht immer der Fall. Wer Enzyme zur Schmerzlinderung einnimmt, ohne sich weiter um die Ursachen zu kümmern, verhält sich im Grunde genauso unvernünftig wie jemand, der laufend Schmerztabletten mißbraucht – bis es für eine wirksame Therapie vielleicht zu spät ist.
Das Wirkungsspektrum der Enzyme bei Entzündungen, Schmerzen, Verletzungen und ähnlichen Symptomen ist sehr breit. Die wichtigsten Heilanzeigen sollen hier beispielhaft angeführt werden. Grundsätzlich kommen Enzymgemische innerlich, nach Möglichkeit zusätzlich auch äußerlich, versuchsweise bei allen Entzündungen und Verletzungen allein oder ergänzend als Therapie in Frage. Entzündungen im Bereich der Blutgefäße werden hier ausgeklammert und wegen ihrer Bedeutung im folgenden Kapitel gesondert behandelt.
Eine Domäne der Enzymtherapie sind alle *stumpfen Verletzungen,* die mit Schmerzen, Schwellungen und Blutergüssen einhergehen. Dazu gehören *Prellungen, Quetschungen, Verrenkungen, Verstauchungen* und *Zerrungen.* Vor solchen Alltagsverletzungen ist niemand gefeit. Deshalb empfiehlt es sich, Enzyme stets in der Hausapotheke vorrätig zu halten. Je früher die Enzymtherapie in solchen Fällen einsetzt, desto harmloser sind die Folgen und desto schneller heilen sie wieder vollständig ab. In unklaren Fällen (etwa beim Verdacht auf innere Verletzungen, Knochenbruch, Sehnen-, Muskelriß, Gelenkbeschädigung, bei ausgedehnten Verletzungen oder anhaltenden Beschwer-

den) wendet man Enzyme nur zur Soforthilfe an und begibt sich anschließend rasch zur fachmännischen Untersuchung.
In der Regel läßt sich natürlich nicht voraussehen, wann eine solche Verletzung eintritt. Der Vorbeugung durch Enzyme sind also Grenzen gesetzt. Immerhin kann man dem Beispiel vieler Sportler folgen und Enzyme dann innerlich und äußerlich anwenden, wenn man mit einer erhöhten körperlichen Belastung oder Verletzungsgefahr rechnen muß.
Typisches Beispiel dafür ist der *Tennisellbogen*. Viele dieser Fälle – und neuerdings auch das Joggerknie – lassen sich vermeiden, wenn man sich rechtzeitig durch Enzymvorbeugung schützt. Sinngemäß gilt das auch bei allen anderen erhöhten Gesundheitsrisiken des Alltags, die man im voraus erkennen kann. Vielen Freizeitsportlern könnte die Vorbeugung durch Enzyme ein langes, schmerzhaftes Krankenlager ersparen.
Bei *offenen Verletzungen* – insbesondere schlecht heilenden Wunden – hat sich die Enzymtherapie ebenfalls sehr gut bewährt. Enzyme reinigen das Wundbett, normalisieren die Funktionen des umgebenden Gewebes und fördern die problemlose Vernarbung. Übermäßige Narbenbildung und Narbenschmerzen werden verhindert. Wenn bereits Beschwerden an einer Narbe bestehen, können sie durch Enzyme meist zufriedenstellend gebessert oder vollständig beseitigt werden. Das gilt nicht nur für Narben nach Verletzungen, sondern auch bei Operationsnarben.
Da Vitamin C nach heutigem Wissen eine wichtige Rolle bei der Wundheilung spielt, die sich vielleicht mit aus seiner Bedeutung als Koenzym erklärt, empfiehlt es sich, bei Wunden und Narbenbeschwerden gleichzeitig in ausreichend hoher Dosis (etwa 0,5 g pro Tag) über längere Zeit zusätzlich Vitamin C mit den Enzymen einzunehmen.
Viele *Hauterkrankungen*, die oft über längere Zeit ohne durchschlagende Wirkung mit anderen Medikamenten behandelt wurden, klingen rasch ab, wenn man diese Therapie durch Enzymsalben und innerlich anzuwendende Enzymgemische ergänzt. Das gilt vor allem für chronische Ausschläge, Haut- und Bindegewebsverdickungen, Akne und Strahlenschäden der Haut durch Sonnenbrand oder Bestrahlungen. Auch hartnäckige Geschwüre sprechen auf die Enzymtherapie gut an.
Bei *Erkrankungen im Bereich des Stütz- und Bewegungsapparats* (Knochen, Gelenke und Muskeln) werden Enzyme äußerlich und innerlich meist ergänzend zu anderen Heilmitteln, bei ausreichender Wirkung aber auch zur alleinigen Behandlung, mit gutem Erfolg eingesetzt. Dazu gehören vor allem die verschiedenen rheumatischen Erkrankungen der Gelenke und Muskeln, Beschwerden an der Wirbelsäule, Gelenkentzündungen und -abnutzungserscheinungen (Arthrosen).

Kombinierte innerliche und äußerliche Enzymtherapie kann ferner empfohlen werden bei allen oberflächlichen *Schwellungen, Blut- und Lymphstauungen,* die sich nicht aus Verletzungen erklären. Sie treten bevorzugt im Gesicht und an den Beinen auf. Da sie unter Umständen auf ernste Erkrankungen innerer Organe (vor allem Herz, Nieren) hinweisen, müssen die Ursachen in jedem Fall durch fachmännische Untersuchung geklärt und bei Bedarf zusätzlich gezielt behandelt werden.

Bei den meisten *Entzündungen innerer Organe* kommen Enzyme innerlich – in der Regel ergänzend zu anderen Arzneimitteln – in Frage. Es gibt kaum eine Entzündung an Organen, die auf diese Weise nicht günstig beeinflußt werden könnte. Heilanzeigen der unterstützenden Enzymtherapie sind vor allem Entzündungen im Bereich der Verdauungsorgane und der großen Verdauungsdrüsen (Bauchspeicheldrüse, Leber). Auch bei Leberzirrhose lohnt sich noch ein Versuch mit Enzymen.

Ferner werden *Entzündungen der Atmungsorgane* unterstützend durch Enzyme behandelt, auch wenn sie nicht durch Viren verursacht wurden. Das beginnt bei einfachen Katarrhen der Nase (Schnupfen) und des Rachens und geht über Nasennebenhöhlenentzündungen, Bronchialkatarrhe und Bronchitis bis hin zu so ernsten Erkrankungen wie Bronchialasthma, Lungen- und Rippenfellentzündungen, die selbstverständlich immer unter fachmännischer Verlaufskontrolle ausgeheilt werden müssen.

Schließlich kommt unterstützende Enzymtherapie noch bei *Entzündungen der Ohren* (vor allem des Mittelohrs), *der Harn- und Geschlechtsorgane* zur Anwendung.

Auf Grund dieser breiten Anwendungspalette dürfen Enzyme als eine Art »Allheilmittel« bei entzündlichen Veränderungen im gesamten Organismus betrachtet werden. Gute therapeutische Ergebnisse erzielt man bei akuten wie bei chronischen Entzündungen; gerade bei chronischen Prozessen, die auf keine andere Therapie mehr richtig ansprechen, kann die zusätzliche Enzymbehandlung meist die Wende im Krankheitsverlauf herbeiführen.

Wegen der schon mehrfach beschriebenen Zusammenhänge zwischen Enzymwirkung und ausreichender Versorgung mit Vitalstoffen als Koenzymen sollte man auch bei der Behandlung von Entzündungen und Verletzungen immer an vollwertige, rohkostreiche Ernährung denken.

Arterienverkalkung und andere Gefäßerkrankungen

In fast allen Industrienationen – Japan ausgenommen – stehen Erkrankungen des Herz-Kreislauf-Systems an 1. Stelle der Todesursachen. Erste arteriosklerotische Veränderungen der Blutgefäße findet man heute bereits bei jungen Menschen um das 30. Lebensjahr herum, jenseits des 60. Lebensjahrs leidet fast jeder unter einer Arterienverkalkung zumindest der Hauptschlagader (Aorta), oft aber auch vieler anderer Gefäße.
Die Ursachen der Arteriosklerose sind vielfältig und stehen in enger Beziehung zur heute üblichen Lebensweise und Ernährung. Das wird am Beispiel Japans deutlich, wo die Zahl der Erkrankungen ansteigt, seit man unter dem Einfluß der Industrialisierung immer mehr europäische Eß- und Lebensgewohnheiten übernimmt.
Eine zentrale Rolle bei der Entstehung der Arteriosklerose spielt die zu kalorien- und fettreiche Zivilisationskost, die zum Anstieg der Blutfettwerte (nicht nur des Cholesterins) führt. Daraus resultieren die ersten Veränderungen an den Gefäßen. Im weiteren Verlauf verengen und verhärten die Gefäße immer mehr und werden brüchig. Als Folge kommt es zur verminderten Blut- und Sauerstoffversorgung der Gewebe und Organe und zur Erhöhung des Blutdrucks. Der Blutdruck wird außerdem auch durch Streß (im Übermaß) und das Gefäßgift Nikotin erhöht; beide gehören gleichfalls zu den Risikofaktoren für Herz und Gefäße.
Nennenswerte Beschwerden müssen in diesem Stadium noch nicht auftreten. Die Erkrankung bleibt deshalb auch meist unerkannt und schreitet schleichend weiter fort. Erst wenn die Gefäße stark verengt sind und der Bluthochdruck zu Schäden vor allem an Herz und Nieren führte, werden die deutlich verstärkten Symptome ernstgenommen. Für eine Heilung ist es nun aber meist zu spät. Die Behandlung muß sich darauf beschränken, die Symptome zu lindern, das Fortschreiten der Krankheit zu bremsen und den ernsten Folgekrankheiten vorzubeugen.
Neben den genannten wichtigen Risikofaktoren tragen noch verschiedene andere mit zur Arteriosklerose bei. Zu nennen sind insbesondere Bewegungsmangel, Mißbrauch von Alkohol (häufige Ursache von Schlaganfällen bei Männern schon vor dem 40. Lebensjahr) und andere Genußmittel, Übergewicht und andere Erkrankungen, die zu Gefäßschäden führen (vor allem unbehandelte Zuckerkrankheit).

Als Folgen von Arteriosklerose und Bluthochdruck drohen eine ganze Reihe anderer Krankheiten. Im günstigsten Fall kommt es »nur« zu vorzeitigen Alterserscheinungen mit nachlassender geistig-körperlicher Leistungsfähigkeit und Durchblutungsstörungen; die Lebenserwartung wird herabgesetzt und die Lebensqualität vermindert. Ernstere Folgen sind ausgeprägte Durchblutungsstörungen, die vor allem die Beine betreffen (»Raucherbein«) und schlimmstenfalls eine Amputation erforderlich machen. Auch Thrombosen und lebensgefährliche Embolien, die sich daraus entwickeln können, werden durch Arteriosklerose begünstigt. Als dramatischste, oft schon beim ersten Mal tödlich endende Folgen treten Herzinfarkt oder Schlaganfall ein.
Die an den Gefäßwänden einmal vorhandenen Verengungen und Verhärtungen lassen sich nicht mehr (zumindest noch nicht zufriedenstellend) zurückbilden. Deshalb kommt der Vorbeugung und frühzeitigen Behandlung der Arteriosklerose größte Bedeutung zu. Unentbehrliche Grundlagen jeder Vorsorge und Therapie, die von der Schulmedizin wie von der Naturheilkunde einstimmig empfohlen werden, sind veränderte Ernährungsgewohnheiten.
Die empfohlene Kost entspricht im Grunde der weiter vorne vorgestellten Vollwertkost mit ausreichend Vitalstoffen, wenig tierischen Fetten und einem Kaloriengehalt, der den tatsächlichen Bedarf nicht übersteigt. Hinzu kommt der strikte Verzicht auf Nikotin in jeder Form, da es als Gefäßgift die Arterienverkalkung besonders fördert. Alkohol kann in mäßiger Menge getrunken werden, vor allem Wein dient sogar der Gesundheit von Herz und Gefäßen. Hier kommt es aber wirklich ganz entscheidend darauf an, immer maßvoll zu bleiben, sonst kippt die günstige Wirkung eines Glases Wein rasch um und erhöht das Risiko zusätzlich.
Sinngemäß gilt das auch für den Streß, der in der richtigen Dosis zum wahren »Lebenselixier« werden kann, im Übermaß aber vor allem dem Herzinfarkt Vorschub leistet.
Selbstverständlich müssen alle Erkrankungen, die mit zur Arteriosklerose beitragen können, konsequent behandelt werden – notfalls lebenslang. Mehr Bewegung an der frischen Luft unterstützt die Vorbeugung und Behandlung entscheidend, weil dabei die Blutfettwerte günstig beeinflußt werden und die Gewebe mehr Blut und Sauerstoff erhalten.
Nun gibt es Menschen, die leben sehr gesundheitsbewußt nach oft viel strengeren Ernährungs- und Lebensgrundsätzen, als sie oben aufgestellt wurden, und erliegen dennoch einer Herz- oder Gefäßkrankheit. Andere mißachten so gut wie jede dieser Grundregeln und bleiben dennoch bis ins hohe Alter hinein fit. Und es gibt Patienten, bei denen die Arteriosklerose und der Bluthochdruck frühzeitig entdeckt und mit allen der modernen Medizin zur Verfügung stehenden Mitteln behandelt wird, deren Lebenserwartung aber dennoch im Vergleich mit anderen, bei denen die gleichen Befunde erhoben, aber keine

therapeutischen Maßnahmen durchgeführt wurden, nicht verbessert werden konnte.
Gerade kürzlich veröffentlichten kanadische Wissenschaftler eine Langzeitstudie, die zu diesem niederschmetternden Ergebnis kam, für das es auf den ersten Blick keine einleuchtende Erklärung zu geben scheint.
Aus der Sicht der Enzymforschung erscheint das allerdings nicht weiter verwunderlich. Die Enzymexperten gehen nämlich davon aus, daß nicht die erhöhten Blutfettwerte am Anfang der Arteriosklerose stehen, sondern der Mangel an Enzymen. Fettspaltende Biokatalysatoren sind nach ihrer Auffassung entscheidend an der Verhütung der Arterienverkalkung oder am Abbau bereits bestehender Einlagerungen in den Gefäßwänden beteiligt. Sie normalisieren erhöhte Blutfettwerte, gleichgültig aus welcher Ursache sie entstanden sind, und bauen zumindest teilweise die Ablagerungen in den Gefäßen wieder ab. Dadurch werden diese wieder weiter und elastischer.
Zugleich beugen Enzyme Thrombosen und Embolien vor, weil sie die abnorm erhöhte Blutgerinnung normalisieren und das Blut wieder dünnflüssiger machen, so daß es nicht mehr so leicht verklumpt.
Vermutlich erklärt sich aus diesen Wirkungsmechanismen auch der Schutz, den die rohkostreiche Vollwertkost mit ihrem hohen Gehalt an Enzymen und Koenzymen bietet. Hinzu kommt natürlich, daß bei vernünftiger Ernährung von vornherein die Gefahr erhöhter Blutfettwerte bedeutend verringert wird. Deshalb verliert sie keineswegs an Bedeutung, auch wenn man ausreichend Enzyme in Form von Arzneimitteln einnimmt.
Manche Wissenschaftler gehen heute sogar noch einen Schritt weiter und vermuten, daß Arteriosklerose nicht mit Einlagerungen in den Blutgefäßen beginnt, sondern mit einer Verhärtung der Gefäßwände, die erst die Voraussetzungen für solche Einlagerungen schafft. Das ist bisher noch keine anerkannte Lehrmeinung, aber auch keine bloße Theorie mehr. Und wenn diese Auffassung zutrifft, stoßen wir erneut auf die Enzyme.
Solche Verhärtungen kommen nämlich nach heutigem Wissen durch ständige Reizungen des Bindegewebes zustande, das auch in den Gefäßwänden vorhanden ist. Unter dem Einfluß von Streß, Krankheitserregern, Giftstoffen und ähnlichen Faktoren, denen wir alle im Alltag ständig ausgesetzt sind, beginnt das Bindegewebe, die elastischen Fasern allmählich durch festeres, unelastisches Gewebe zu ersetzen. Diesen Vorgang können wir auch an der Haut beobachten, die deshalb mit den Jahren sichtbar altert. Möglich wird dieser Umbau in der Haut und (vermutlich) auch in den Blutgefäßen aber nur dann, wenn es an Enzymen mangelt. Zuständig ist vor allem das Enzym Elastase.
Die Erkenntnisse der Enzymforschung führten also zu neuen Vorstellungen von der Entstehung der »Zivilisationsseuche« Arteriosklerose, die bisher aber noch nicht ausreichend abgesichert sind und deshalb keine gültige Lehrmei-

nung darstellen. Hier muß man aber sofort kritisch anmerken, daß die derzeit noch gültige Lehrmeinung die Medizin in der Therapie der Arteriosklerose und ihrer Folgekrankheiten kaum nennenswert weitergebracht hat. Die Zahl der Herzinfarkte nimmt immer noch zu, obwohl hochwirksame chemische Arzneimittel erhöhte Blutfett- und Blutdruckwerte normalisieren, also eigentlich die wichtigsten Risikofaktoren ausschalten.
Trotz dieses in der Praxis erwiesenen offenkundigen Versagens der Schulmedizin bei den Herz-Kreislauf-Erkrankungen wird die Enzymtherapie bisher nur zögernd erprobt. Der mündige, informierte Patient muß allerdings wieder zur Selbsthilfe greifen, ohne sich darum zu kümmern, ob die Enzymtherapie der Arterienverkalkung schon zu den wissenschaftlich anerkannten (das heißt von der Schulmedizin erklärbaren) Heilmitteln gehört oder nicht.
Zum Glück ist das ohne besondere Risiken für die Gesundheit möglich. Wer sich nicht ganz auf die Enzyme verlassen will, kann unbedenklich zusätzlich die vom Arzt verordneten Arzneimittel einnehmen. Geeignete Enzymmedikamente für die Blutgefäße nennt die später folgende Liste (s. S. 86).
Heilanzeigen der Enzymtherapie sind alle Stadien der Arteriosklerose. Ferner können Enzyme zur Nachbehandlung von Herzinfarkt und Schlaganfall und bei Durchblutungsstörungen verabreicht werden. Auf die Behandlung von Thrombosen und Embolien kommen wir weiter unten noch zu sprechen. Bluthochdruck wird durch Enzyme nicht direkt beeinflußt, kann aber sinken, wenn die Enzyme die Verengung und Verhärtung der Gefäße gebessert haben. Bei Bedarf sollte man den Hochdruck durch zusätzliche, am besten biologische Heilmittel normalisieren.
Die Basistherapie besteht aus vernünftiger Ernährung und Lebensweise, wie sie eingangs schon beschrieben wurde. Sie empfiehlt sich auch, um der Entstehung der Arteriosklerose vorzubeugen. Enzyme können vorbeugend verabreicht werden, am besten kurmäßig mehrmals jährlich für einige Wochen, um die Arterien »durchzuputzen«, unbedenklich aber auch dauernd. Spätestens ab dem 40. Lebensjahr sollten diese vorbeugenden Maßnahmen selbstverständlicher Bestandteil der Gesundheitsvorsorge werden!

Thrombose, Embolie

Der Verschluß eines Blutgefäßes durch einen Pfropf aus verklumpten Blutkörperchen (Thrombus) kann aus verschiedenen Ursachen entstehen. Arteriosklerose ist einer der wichtigsten Risikofaktoren, weil die veränderten Gefäßinnenwände und die oft gleichzeitig bestehende Dickflüssigkeit des Blutes eine Thrombose begünstigen. Auch bei Venenentzündungen und Krampfadern besteht erhöhte Thrombosegefahr. Lebensgefährlich wird eine Thrombose, wenn sich der Blutpfropf von der Gefäßwand löst und als Embolus eine Arterie verstopft. Während Thrombosen vor allem in den Beinen auftreten, wa

das Blut sich, der Schwerkraft gehorchend, besonders leicht staut, betreffen Embolien bevorzugt die Lungen.
Die Risiken der Thrombose oder Embolie erfordern immer die sofortige ärztliche Behandlung. Besonders bei Embolien wird in der Regel eine Einweisung in die Klinik erforderlich. Selbstbehandlung durch Enzyme ist wegen der Schwere der Erkrankungen nicht erlaubt und im allgemeinen auch nicht notwendig, weil auch die Schulmedizin heute schon häufig solche Fälle durch Enzyme behandelt. Im Vordergrund steht dabei die Streptokinase, ein Enzym, das von Streptokokken ausgeschieden wird. Es hat sich ausgezeichnet bewährt und konnte sogar schon längere Zeit bestehende Thromben wieder auflösen. Außer der chirurgischen Behandlung, die nicht immer zu umgehen ist, gibt es derzeit keine wirksamere Therapie bei Thrombosen und Embolien als die Anwendung von Enzymen.
Während die Therapie dem Fachmann vorbehalten bleiben muß, ist die vorbeugende Einnahme von Enzymen allen Menschen dringend anzuraten, bei denen ein erhöhtes Thromboserisiko besteht. Das gilt vor allem bei übermäßiger Blutgerinnung, Krampfadern, Venenentzündungen, Arteriosklerose und anderen Durchblutungsstörungen. Die Enzyme wirken in solchen Fällen auf mehrere Arten.
Zunächst machen sie das Blut dünnflüssiger, so daß es nicht mehr so leicht verklumpt. Wenn bereits erste Blutklümpchen bestehen, die noch keine Beschwerden zu verursachen brauchen, lösen Enzyme sie auf. Schließlich verhindern die Biokatalysatoren, daß sich solche »Mikrothromben« mit einem Fibrinnetz überziehen, das sie für die körpereigene Abwehr unangreifbar macht, oder lösen ein bereits bestehendes Fibrinnetz wieder auf.

Venenentzündungen, Krampfadern

Bei Venenentzündungen und Krampfadern, die häufig die Grundlagen für spätere Thrombosen schaffen, bewähren sich Enzyme gleichfalls gut, obwohl sie nicht immer allein zur Behandlung genügen. Vor allem Krampfadern, an deren Entstehung verschiedene Ursachen beteiligt sind, erfordern eine komplexe Therapie, die durch Enzyme wirkungsvoll ergänzt wird.
Grundlage der *Krampfadern* bildet meist eine angeborene Bindegewebsschwäche. Da bei Frauen das Bindegewebe anders als beim Mann strukturiert ist, betrifft die Schwäche das weibliche Geschlecht häufiger. Die Veranlagung allein muß aber noch nicht zur Entwicklung von Krampfadern führen.
Erst wenn weitere Faktoren hinzutreten, erhöht sich das Risiko. Dazu gehört vor allem der verbreitete Bewegungsmangel, der die Muskulatur der Beine allmählich erschlaffen läßt. Die Muskeln, die neben den Venen verlaufen, wirken normalerweise wie eine Pumpe, tragen also mit dazu bei, daß das venöse Blut gegen die Schwerkraft nach oben zum Herzen gelangt. Wenn diese Mus-

kel-Venen-Pumpe zu schwach arbeitet und das Bindegewebe erschlafft, staut sich das Blut in den Beinen, die Venen erweitern sich, und die Venenklappen, die verhindern sollen, daß Blut nach unten versackt, schließen nicht mehr dicht. Allmählich entstehen daraus Krampfadern. Als weitere Risikofaktoren gelten chronische Stuhlverstopfung und Schwangerschaft, die beide die Durchblutungsverhältnisse im Beckenraum stören, und gewohnheitsmäßiges, oft berufsbedingtes Stehen und Sitzen.

Krampfadern führen teilweise zu erheblichen Beschwerden und gelten als Risikofaktoren anderer Gefäßkrankheiten. Gefürchtete Folgen sind vor allem das offene Bein (Krampfader-, Unterschenkelgeschwür), das durch Sauerstoffmangel entsteht und nur schwer abheilt sowie Venenentzündungen und Thrombosen.

Zur Grundbehandlung der Krampfadern ist ausreichend Bewegung mit gezielten Übungen zur Kräftigung der Beinmuskulatur unentbehrlich. Damit sollte man bereits beginnen, ehe die ersten Krampfadern entstehen, insbesondere dann, wenn in einer Familie immer wieder Krampfadern auftreten.

Ferner gilt es, der Bindegewebsschwäche zu begegnen. Dazu gibt es kein besseres Mittel als die Kieselsäure, die in Form von Kräutern (vor allem Ackerschachtelhalm) oder in reiner Form als Arzneimittel zugeführt wird. Gute Ergebnisse sind nur bei längerer Einnahme zu erwarten, die Kuren sollten regelmäßig wiederholt werden.

Alle weiteren Risikofaktoren müssen soweit wie möglich ausgeschaltet werden, das gilt besonders für chronische Stuhlverstopfung und Übergewicht. Zur Entlastung der Venen empfiehlt es sich, das Bett am Fußende allmählich (innerhalb von 1–2 Wochen) von 20 auf 40 cm zu erhöhen und dann regelmäßig so zu schlafen. Auf diese Weise werden die Venen wenigstens nachts entstaut.

Schließlich spielt in der Vorbeugung und Therapie auch noch das Rutin (Vitamin P) eine Rolle, das die geschädigten Gefäßwände abdichtet und elastischer macht. Es kann in chemisch reiner Form oder mit Buchweizentee oder -tabletten (»Fagorutin«) verabreicht werden.

Neben diesen Maßnahmen, die durch nichts zu ersetzen sind, kommen innerlich und/oder äußerlich Enzymgemische zur Anwendung. Sie tragen in erster Linie dazu bei, das gestaute Blut in den Krampfadern wieder dünnflüssiger zu machen. Dann kann es wieder besser zirkulieren, und die Gefahr einer Thrombose wird gebannt. Dazu wendet man die Enzyme über einen Zeitraum von Wochen bis Monaten an und wiederholt die Kur zur Vorbeugung regelmäßig. Bei bereits bestehenden Krampfadern ist unter Umständen dauernde Enzymbehandlung neben der beschriebenen Basistherapie erforderlich.

Wenn Krampfadern durch mangelhafte Blut- und Sauerstoffversorgung der betroffenen Gewebe zu einem *Unterschenkelgeschwür* geführt haben, wird die Enzymtherapie unentbehrlich. Solche Geschwüre, aber auch Verletzungen in dem betroffenen Gebiet, heilen nur sehr schwer und führen nicht selten zu lebensbedrohlichen Komplikationen. Selbstverständlich muß immer der Therapeut konsultiert werden. Wenn er zur Behandlung keine Enzyme verordnet, ist die Selbsthilfe durch Enzymsalben und innerlich anzuwendende Enzymgemische angezeigt. Sie wird neben den anderen therapeutischen Maßnahmen so lange konsequent fortgeführt, bis die Verletzung oder das Geschwür vollständig abgeheilt ist. Die Wirkung der Enzyme erklärt sich aus den gleichen Mechanismen, die im vorangegangenen Kapitel bereits beschrieben wurden. Wenn die Enzymsalbe beim Auftragen auf das Geschwür oder die Wunde Brennen verursacht, ist das als günstiges Zeichen der sofort einsetzenden Wirkung zu verstehen und kein Anlaß, auf die weitere Anwendung zu verzichten.

Entzündungen der Venen entstehen durch Krankheitserreger, die oft auf dem Blutweg aus anderen Körpergebieten verschleppt wurden. Begünstigt werden sie durch gestörte Durchblutung, Arteriosklerose, Krampfadern und andere bereits vorhandene Gefäßveränderungen. Als Folge drohen Thrombosen und Embolien.

In jedem Fall muß der Fachmann konsultiert werden, oft ist strenge Bettruhe mit Hochlagerung des betroffenen Glieds erforderlich. Die übliche Behandlung der Venenentzündung wird durch Enzyme hervorragend unterstützt. Die Beschwerden klingen deutlich schneller als sonst ab, das Risiko der gefährlichen Komplikationen wird stark reduziert. Das erklärt sich aus den im vorangegangenen Kapitel bereits beschriebenen Wirkungen der Enzyme bei Entzündungen.

Bei oberflächlichen Venenentzündungen können Enzyme auch allein zur Behandlung ausreichen, wenn der Therapeut nicht ausdrücklich eine Zusatzbehandlung verordnet hat. Bei schwereren Entzündungen mit akuter Thrombosegefahr empfehlen sich meist Enzyminjektionen, die innerhalb kurzer Zeit diese Gefahr bannen und die Symptome lindern. Sie bleiben stets dem Arzt oder Heilpraktiker vorbehalten.

Wenn der Therapeut noch nicht über ausreichend Erfahrung mit Enzymen verfügt, um sie von sich aus zu verordnen, sollte der Patient ihn darum bitten oder zusätzlich zu den verordneten Arzneimitteln innerlich Enzymdragees und äußerlich Enzymsalben in eigener Verantwortung anwenden. Eine Reihe bewährter Enzymspezialitäten enthält die später folgende Liste (s. S. 86).

Enzyme können auf Grund ihrer hervorragenden Eigenschaften als unsere wichtigsten Waffen in der Vorbeugung und Therapie der verbreiteten Zivilisationskrankheiten des Herz-Gefäß-Systems gelten. Sie ersparen bei rechtzeitiger Anwendung zahlreichen Menschen ein unnötig langes Krankenlager oder

einen Lebensabend, der durch nachlassende geistig-körperliche Leistungsfähigkeit überschattet wird.
Allein können sie die Folgen der falschen Lebensführung des heutigen Menschen sicher nicht vollständig und dauernd verhindern, zusammen mit der Reform falscher Lebens- und Ernährungsgewohnheiten bilden sie aber ein unschlagbares Mittel zur Vorbeugung und Therapie. Im Vergleich zu den chemischen Arzneimitteln, welche die Folgen nur aufhalten und die Symptome lindern, wirken Enzyme unmittelbar gegen die Krankheitsursachen – und das bei einer Verträglichkeit, die von keinem der umstrittenen anderen Medikamente erwartet werden kann.

Vorbeugung vorzeitiger Alterserscheinungen

Arteriosklerose und andere Erkrankungen sind häufige, aber nicht die einzigen Ursachen des vorzeitigen Alterns.
Eine ganze Reihe anderer Faktoren, die wiederum oft in unserer falschen Lebensführung und Ernährungsweise zu suchen sind, kann hinzutreten. Das Altern und Alter wird deshalb häufig zu einer Belastung für den Menschen, der zwar eine weit höhere Lebenserwartung als der Mensch um die Jahrhundertwende hat, mit den gewonnenen Jahren aber nur noch wenig anfangen kann. Überspitzt könnte man sogar sagen: Der heutige Mensch wird älter, nicht weil er gesünder geworden ist, sondern weil er langsamer stirbt.
Ehe wir uns fragen, wie Enzyme diesen Vorgang hemmen können, wollen wir zunächst untersuchen, weshalb der Mensch überhaupt altert. Die Wissenschaft vom Altern (Gerontologie) kann diese Frage zum Teil schon beantworten.
Das Altern beginnt ziemlich früh – strenggenommen schon bald nach der Geburt. Medizinisch betrachtet setzt es mit dem Ende des Wachstums ein, zu einer Zeit also, da wir uns noch auf dem Gipfel unserer Leistungsfähigkeit befinden. Davon spüren wir aber noch nichts. Erst jenseits des 40. Lebensjahrs treten erste deutlicher spürbare Alterserscheinungen auf, die dann meist nach dem 50. Lebensjahr zunehmend bewußt werden und sich allmählich verstärken.
Im Vordergrund der Ursachen stehen Veränderungen an den Zellen. Sie führen dazu, daß die Lebensvorgänge nicht mehr ganz störungsfrei ablaufen.

Allmählich überwiegen in Zellen und Organen die Abbauvorgänge, und mangels ausreichender Aufbauvorgänge kommt es zu Abnutzungserscheinungen. Darauf beruhen die eigentlichen Altersveränderungen. Sie betreffen nicht alle Organe und nicht jeden Menschen gleichermaßen.
Insbesondere die Erbanlagen und die Lebensführung entscheiden mit, wie alt sich ein Mensch tatsächlich fühlt und wie stark die Alterung seinen Organismus verändert. Das kalendarische Alter stimmt deshalb nie genau mit dem tatsächlichen (biologischen) Alter überein, das sich nach dem Abnutzungszustand eines Organismus richtet.
Im Zuge der allgemeinen Abnutzung kommt es in den Zellen zu Wasserverlusten, und sie beginnen zu schrumpfen. Am ehesten bemerkt man das an der Haut, die ihre Elastizität und Spannkraft verliert. Zugleich häufen sich in den Zellen kleine Farbstoffkörnchen an, die meist aus dem Eiweiß-, Fett- und Mineralstoffwechsel stammen. Als Schlacken behindern sie die normalen Zellfunktionen zusätzlich und tragen viel mit dazu bei, daß Wachstum und Regeneration schließlich zum Stillstand kommen.
Am stärksten betreffen die Abnutzungserscheinungen normalerweise Herz und Gehirn. Vor allem die Arteriosklerose, die auch die Herzkranzgefäße betrifft, ist heute bei nahezu allen älteren Menschen nachweisbar und steht als Zivilisationskrankheit in enger Beziehung zu falscher Ernährung, chronisch falscher Lebensführung und Enzymmangel (s. S. 65 ff.). Wenn sich die Arterienverkalkung in Grenzen hält, muß sie bis ins hohe Alter das Allgemeinbefinden und die Leistungsfähigkeit nicht nennenswert beeinträchtigen. Ein ansonsten gesunder Organismus vermag diese Veränderungen auszugleichen, wenn man ihn dabei unterstützt.
Am Gehirn macht sich das Altern vor allem durch Gedächtnis- und Konzentrationsschwäche bemerkbar. Als einziges Organ wächst das Gehirn aber noch bis etwa zum 35. Lebensjahr, und die geistigen Funktionen erreichen erst mit etwa 60 Jahren ihren Gipfel. Deshalb erlebt man oft, daß zwar die körperliche Leistungsfähigkeit deutlich abnimmt, die geistigen Fähigkeiten aber noch lange weitgehend ungestört erhalten bleiben. Trotz körperlichen Abbaus nimmt die Lebenserfahrung und Reife der Persönlichkeit zu, so als wolle die Natur einen Ausgleich schaffen.
Grundsätzlich gilt das für alle Menschen, abgesehen von jenen tragischen Fällen, in denen organische Hirnkrankheiten (wie ausgeprägte Arteriosklerose der Hirngefäße oder Hirnschwund) die geistige Reife des Greisenalters be- oder verhindern. Am Gehirn kann man sogar besonders deutlich erkennen, auf welche durchschnittliche Lebenserwartung die Natur den Menschen vorprogrammiert hat. Die Hirnzellen beginnen erst nach dem 100. Lebensjahr ihre Funktionen allmählich einzustellen. Wahrscheinlich liegt der Zeitpunkt des biologischen Todes zwischen dem 108. und 120. Lebensjahr.

Dieses biblische Alter erreicht bei uns kaum ein Mensch. Das erklärt sich aus den zahlreichen inneren und äußeren (auch seelischen) Einflüssen, die zu vorzeitigen Alters- und Abnutzungserscheinungen führen.
Im Vordergrund stehen in den meisten Ländern der zivilisierten Welt die verbreiteten Fehler der Lebensführung und der inneren (seelischen) Lebenseinstellungen. Unter anderem gehören dazu falsche, zu fett- und kalorienreiche, aber vitalstoffarme Ernährung, Bewegungsmangel, Genußmittelmißbrauch, chronischer Streß, Unzufriedenheit, übersteigerter Ehrgeiz, Egoismus, mangelnde Lebensfreude, materielle Sorgen und ungelöste Konflikte.
In der Vergangenheit wurde vor allem der Faktor »Lebensglück« zu wenig beachtet. Erst statistische Untersuchungen zum Beispiel über Zusammenhänge zwischen Lebenserwartung und Familienstand wiesen darauf hin. Verheiratete Menschen leben länger als unverheiratete, die Ehemänner im Durchschnitt 5 Jahre länger als Junggesellen.
Selbstverständlich tragen auch die Erbanlagen viel zur Lebenserwartung bei. Wer aus einer langlebigen Familie stammt, hat die besseren Aussichten auf ein hohes Alter in geistiger Frische und körperlicher Rüstigkeit. Die oben genannten Verhaltensfehler können eine günstige Erbanlage aber schwächen, während lebenslange gesundheitsbewußte (nicht fanatische) Lebensführung ungünstige Erbanlagen ausgleicht. In erster Linie kommt es immer darauf an, wie wir mit unseren Erbanlagen umgehen.
Die Gerontologen konnten aber noch eine Reihe anderer Faktoren aufdekken, die mit über die Lebenserwartung entscheiden. Das Geschlecht spielt eine sehr wichtige Rolle, denn Frauen leben durchschnittlich 6–8 Jahre länger als Männer. Das wird heute nicht mehr nur aus hormonellen und anderen Besonderheiten des weiblichen Organismus erklärt, sondern hauptsächlich aus der größeren seelischen Elastizität und dem Übergewicht des Unbewußten bei Frauen.
Das Klima scheint nach der Statistik ebenfalls die Lebenserwartung zu beeinflussen. Ganz offensichtlich fördert vor allem das Gebirgsklima die Langlebigkeit. Allerdings kommt es am Wohnort nicht nur auf die Klimaverhältnisse an. Statistisch wurde nachgewiesen, daß Stadtbewohner früher als Dorfbewohner altern. Das erklärt sich zum Teil aus der stärkeren Umweltverschmutzung und aus der Reizüberflutung in der Stadt.
Schließlich darf man den Beruf, der immerhin 40–50 Jahre des Lebens entscheidend mitprägt, nicht vergessen. Zweifellos gibt es nach der Statistik Berufe, die offensichtlich vor vorzeitigem Altern schützen. Wer jetzt an Beamte denkt, wird enttäuscht, denn in erster Linie handelt es sich dabei um Theologen, Philosophen, bildende Künstler, Musiker und Landwirte. Bei anderen Berufen dagegen liegt die Lebenserwartung unterhalb der Norm, vor allem bei Gastwirten, Journalisten und Ärzten. Es scheint, daß einseitige Arbeit oder Be-

rufe, die zu unregelmäßiger Lebensführung und/oder häufiger Überbeanspruchung des Nervensystems führen, das vorzeitige Altern begünstigen. Zunehmend spielt heute auch die Automatisierung und Technisierung der Arbeitswelt ein Rolle, die zur Entfremdung des Menschen von seiner Arbeit führt, ihn zum Diener der Maschine degradiert und ihn zwar von harter körperlicher Arbeit entlastet, aber mit immer höherer Verantwortung für immer unüberschaubarere Arbeitsbereiche überlastet.

Altern ist also ein komplexer, heute erst teilweise bekannter körperlich-seelischer Vorgang. Es kann als biologischer Prozeß niemals verhindert werden, obwohl die Menschheit seit alters von einem »Jungbrunnen« träumt, den die Werbung für manche Mittel gegen das Altern (Geriatrika) auch zu versprechen scheint.

Bremsen kann man das Altern aber, um die körperlich-geistige Leistungsfähigkeit lange zu erhalten und vorzeitige Alterserscheinungen aufzuhalten oder wieder rückgängig zu machen. Dazu genügt keine bequeme Pille oder Injektion. Der Mensch muß sich vielmehr spätestens ab der Lebensmitte (besser viel früher) körperlich, geistig und seelisch auf ein gesundes Alter vorbereiten. Geriatrika können das nur unterstützen.

Es gibt zahlreiche, mehr oder minder gut wirksame Mittel gegen das Altern und vorzeitige Altersbeschwerden. Meist handelt es sich dabei um Mischungen aus Vitalstoffen und Heilpflanzen, vor allem Ginseng und Knoblauch.

Geriatrika mit Enzymgemischen gehören heute immer noch zu den Ausnahmen, da die Gerontologie sich mit der Bedeutung der Enzyme im Altersprozeß noch viel zu wenig beschäftigt hat. Dabei steht heute außer Zweifel, daß gerade die Enzyme einen bedeutenden Beitrag in der Vorbeugung vorzeitiger Alterserscheinungen leisten könnten.

Vereinfacht ausgedrückt erklärt man das wie folgt: Altern wird gekennzeichnet durch die nachlassende Fähigkeit der Zellen zur Teilung. Die alten, nicht mehr teilungsfähigen Zellen müssen durch junge ersetzt werden, damit im Organismus weiterhin alle Funktionen korrekt ablaufen können. In dieser Hinsicht gleicht der Körper aber einem Gefäß, in das man nur eine bestimmte Menge einfüllen kann. Die verbrauchten Zellen müssen also zunächst abgebaut und abtransportiert werden, ehe junge Zellen nachwachsen können. Das ist – ähnlich wie bei den Gewebsveränderungen an einem Entzündungsherd (s. S. 58 ff.) – eine Aufgabe der Enzyme.

Wenn der Organismus ausreichend funktionsfähige Enzyme produziert und mit der Nahrung (Rohkost) erhält, dann gelingt das bis ins hohe Alter hinein problemlos. Normalerweise läßt die Enzymproduktion im Lauf des Lebens aber nach, und die Enzyme verlieren auch an Wirkung. Die übliche Ernährung enthält kaum noch Enzyme und kann den Mangel so gut wie nie ausgleichen.

Die alten, verbrauchten Zellen häufen sich deshalb im Organimus an und beschleunigen das natürliche Altern unnötig.
Enzyme tragen aber auch noch auf andere Weise zur Zellerneuerung im Körper bei. Die neuen Zellen werden aus Material gebildet, das im Bindegewebe – genauer gesagt im Mesenchym – vorhanden ist. Dieses schwammige Mesenchymgewebe aus jungen, noch nicht auf bestimmte Aufgaben spezialisierten Zellen kommt in jedem Organ, vor allem im Knochenmark, in der Milz und in den Lymphknoten, vor. Bei Bedarf werden die jungen Zellen hier abgerufen und auf bestimmte Aufgaben spezialisiert.
An diesem Vorgang sind die Enzyme maßgeblich beteiligt. Mangel an Enzymen führt dazu, daß dieser Ersatz nicht mehr vollwertig gelingt. Der Organismus verwendet dann auch Zellen, die den Aufgaben nur zum Teil gewachsen sind. Das führt zu vorzeitigen Abnutzungserscheinungen und Alterskrankheiten.
Abgesehen von diesen speziellen Wirkungen der Enzyme beim Altern wirken sie auch noch indirekt als »Altersbremsen«. Sie fördern unter anderem die Verdauung und Verwertung der Nahrung, so daß der Organismus genügend Baumaterial zur Verfügung hat, um alte Zellen zu ersetzen, verhindern bleibende Funktionsstörungen durch Entzündungen und beugen den verbreiteten Herz- und Gefäßkrankheiten vor, die das Altern beschleunigen. Diese Wirkungen wurden weiter vorne schon beschrieben.
Enzyme können keine ewige Jugend versprechen, weil der Mensch – wie alle Lebewesen – zum Altern und zum Tod verurteilt ist. Sie tragen aber entscheidend mit dazu bei, daß die natürlichen Altersvorgänge nicht beschleunigt werden und die Lebenserwartung, auf die wir von der Natur und den Erbanlagen vorprogrammiert wurden, auch tatsächlich ohne nennenswerte Altersbeschwerden in körperlich-geistiger Frische und Rüstigkeit erreicht wird. Das ist mehr, als viele andere Geriatrika versprechen können.
Die optimale Wirkung der Enzyme ist allerdings nur dann zu erwarten, wenn gleichzeitig grobe Fehler der Lebensweise und Ernährung konsequent und frühzeitig abgestellt werden. Wegen ihres Gehalts an natürlichen Enzymen und Koenzymen (Vitalstoffen) kommt vor allem der vollwertigen, rohkostreichen Ernährung wieder große Bedeutung zu.
Es gibt erst wenige Enzym-Geriatrika. Einige stellen wir später in der Liste bewährter Enzymmedikamente (s. S. 86) vor. Sie enthalten neben Enzymen vor allem verschiedene Vitamine als Koenzyme, zum Teil auch noch andere Wirkstoffe (wie Knoblauch), deren altershemmende Wirkung seit langem bekannt ist. Diese Arzneimittel sollten vorbeugend spätestens ab dem 40. Lebensjahr eingenommen und durch eine Reform falscher Lebens- und Ernährungsgewohnheiten (einschließlich Korrektur falscher seelischer Einstellungen) ergänzt werden.

Es empfiehlt sich, regelmäßig vorbeugende Kuren mit diesen Geriatrika durchzuführen. Sie dauern etwa 6–8 Wochen und werden am besten 2mal jährlich durchgeführt. Wenn bereits Alterserscheinungen bestehen, können die Kuren auch längere Zeit dauern und werden dann nach Besserung regelmäßig wie oben angegeben wiederholt.
Bei Bedarf kann man Enzym-Geriatrika auch dauernd zur Vorbeugung einnehmen. Unerwünschte Nebenwirkungen oder Wechselwirkungen mit anderen Arzneimitteln sind nicht zu befürchten, sofern keine Eiweißallergien, Blutgerinnungsstörungen oder Erkrankungen mit erhöhtem Blutungsrisiko bestehen. Durch diese Kuren werden nicht nur die vorzeitigen Alterserscheinungen gebessert oder verhindert, Enzyme führen ganz allgemein zur besseren Gesundheit und Leistungsfähigkeit.

Krebsvorbeugung und -behandlung durch Enzyme

Zu den letzten großen Krankheiten, die den modernen Menschen zunehmend bedrohen und in der Statistik der Todesursachen hinter den Herz- und Gefäßkrankheiten schon auf Platz 2 stehen, gehören die Krebserkrankungen. Sie werden von den meisten Laien, aber auch von vielen Medizinern, noch immer als eine Art »Todesurteil« betrachtet. Das ist nicht richtig. Zwar gehört Krebs in seinen zahlreichen Erscheinungsformen zweifellos zu den schwersten Krankheiten überhaupt, Hoffnungslosigkeit ist deshalb aber nicht angebracht.
Die verbreitete Angst vor Krebs wurzelt vor allem in der Ohnmacht der Schulmedizin im Kampf gegen diese Krankheit. Obwohl großangelegte, zum Teil aus Spenden der Bevölkerung finanzierte Forschungsprojekte in Teilbereichen gewisse Erfolge zeigen, beschränkt sich die offizielle Medizin noch immer auf drei klassische Behandlungsmethoden: Stahl, Strahl und Chemotherapie, also operative Entfernung der Tumoren, Bestrahlung und chemische Arzneimittel, die als schwere Gifte das Wachstum der Krebszellen hemmen oder sie vernichten. Die Maßnahmen der Schulmedizin setzen also immer erst dann ein, wenn bereits ein Tumor besteht. Auch die Früherkennungsprogramme bieten keine echte Krebsvorsorge, weil sie erst dann zum Zuge kommen können, wenn bereits eine Geschwulst besteht.
Aus der Sicht der Biomedizin stellt die Geschwulst aber das Endstadium einer Stoffwechselentgleisung dar, die Jahre vorher begann. Für sie ist Krebs eine Allgemeinerkrankung, der Tumor nur der örtliche Ausdruck dieser Krankheit. Vereinfacht dargestellt beginnt sie mit der Entartung des Zellstoffwechsels, der durch verschiedene schädliche Einflüsse (vor allem Mangelernährung, Ge-

nuß-, Umweltgifte und Strahlenschäden) zum abnormen Gärungsstoffwechsel entgleist. Dabei geht die Kontrolle über die Zellteilung verloren, und die entarteten Zellen beginnen hemmungslos zu wuchern.
Dieser Vorgang, der durch geeignete Untersuchungsmethoden meist frühzeitig aufgedeckt werden könnte, noch ehe sich ein Tumor entwickelt hat, wird von der offiziellen Krebsforschung bisher sträflich vernachlässigt. Das erklärt, weshalb sie keine nennenswerten Fortschritte erzielt.
Nur sehr zögernd beginnt man allmählich, von der bisherigen Betrachtungsweise abzurücken und die Vorstellungen der Biomedizin wenigstens zu diskutieren. Das berechtigt zu der Hoffnung, daß in absehbarer Zeit eine Symbiose der schulmedizinischen Krebstherapie mit den therapeutischen Methoden der biologischen Erfahrungsmedizin möglich wird, die dem Krebs viel an Schrekken nimmt.
Im Mittelpunkt einer solchen Behandlung dürfen aber nicht die Bestrahlungen und die Chemotherapie (mit Arzneimitteln) stehen. Von beiden Methoden wissen wir, daß sie die körpereigenen Abwehrkräfte zusätzlich schwächen, so daß es nach anfänglicher Besserung häufig zum Tod kommt. Vielmehr kommen neben verfeinerten chirurgischen Eingriffen vor allem jene biologischen Heilmittel zur Anwendung, die den Abwehrregulationen neuen Auftrieb geben, damit sie aus eigener Kraft mit der Bedrohung fertig werden. Daß dies möglich ist, beweisen die praktischen Erfahrungen der Biomedizin inzwischen zur Genüge.
Noch mehr Gewicht wird man aber auf die Krebsvorbeugung und Vermeidung von Tochtergeschwülsten (Metastasen) nach erfolgreicher Operation legen müssen, denn die meisten Krebspatienten sterben nicht am ersten Tumor, sondern an diesen Metastasen.
Es gibt heute schon eine ganze Reihe bewährter Heilverfahren gegen Krebs und verschiedene Vorsorgeuntersuchungen, die bereits das Stadium der Stoffwechselentgleisung nachweisen, solange noch kein Tumor besteht. Wenn die offizielle Krebsforschung alle diese vorbeugenden und therapeutischen Maßnahmen heute noch weitgehend ignoriert, dann liegt das einmal an den verbreiteten Vorurteilen, zum anderen aber auch daran, daß ihre Wirksamkeit noch nicht wissenschaftlich exakt erklärt werden kann. Das führt zur Verweigerung der offiziellen Anerkennung als Heilmittel, die wiederum Voraussetzung für die Kostenübernahme durch die gesetzlichen Krankenkassen ist.
Aber auch hier kam in den letzten Jahren manches in Gang. Verschiedene Gerichte verurteilten Krankenkassen dazu, die Kosten einer »Außenseitermethode« bei Krebskranken zu übernehmen, wenn die Schulmedizin nicht mehr helfen konnte. Begründet wurde das stets mit der lobenswerten Einsicht, daß sich die Medizin in ständigem Wandel befindet und Heilmittel, die heute noch nicht

anerkannt werden können, schon in naher Zukunft vielleicht zu den wissenschaftlich anerkannten Heilverfahren gehören werden.
Auch die Krebstherapie – die vorbeugende Einnahme ohnehin – mit Enzymen gehört zu den Behandlungsmethoden, deren Kosten grundsätzlich nicht von den Krankenkassen übernommen werden. Dabei steht ihre Wirksamkeit außer Zweifel und kann zum Teil sogar schon genau erklärt werden.
Enzyme werden schon seit Jahrhunderten zur Krebsbehandlung angewendet. Die südamerikanischen Indios wußten zum Beispiel aus Erfahrung, daß die Blätter und Früchte der Papayapflanze nicht nur bei Verletzungen, sondern auch bei Geschwülsten wirksam waren. Papaya gehört zu den wichtigsten pflanzlichen Enzymträgern und spielt heute vor allem in der Behandlung von Verdauungsbeschwerden eine wichtige Rolle. Instinktiv wurden die Indios also zu den Begründern der Enzymtherapie gegen Krebs.
Zu Anfang des 20. Jahrhunderts erlebte diese Behandlung in den USA einen neuen Auftrieb. Allerdings verstand man damals noch viel zu wenig von den Enzymen, so daß die therapeutischen Ergebnisse weitgehend dem Zufall überlassen blieben. Die häufigen Mißerfolge ließen die Enzymtherapie bald wieder in Vergessenheit geraten. Erst in den letzten zwei Jahrzehnten gewinnt sie bei Krebs wieder an Bedeutung und ist auf dem besten Weg, zu einem der wichtigsten Heilverfahren zu werden, das frei von allen gefürchteten Nebenwirkungen der üblichen Krebstherapie bleibt.
Vieles spricht dafür, daß jeder Mensch im Lauf seines Lebens häufiger Krebszellen in seinem Organismus produziert. Einige Fachleute meinen sogar, daß wir fast jede Woche vorübergehend einmal unter »Krebs« leiden. Krebszellen sind also nichts Besonderes, sondern erscheinen aus dieser Sicht als völlig normal. Trotzdem erkrankt nicht jeder Mensch an Krebs, sondern nur etwa jeder 4. Bewohner einer Industrienation. Unsere Abwehrsysteme erkennen nämlich die Krebszellen als Fremdkörper und vernichten sie, bevor sie sich festsetzen und ihr zerstörerisches Wachstum beginnen können. Dafür gibt es genügend experimentelle Beweise. Dem Blut Krebskranker mangelt es an einem Abwehrstoff, der beim Gesunden das Krebswachstum verhindert. Dieser Stoff wurde von Professor Dr. Wolf und Dr. Christiani isoliert und als eiweißspaltendes Enzym identifiziert. Bisher blieb diese wissenschaftliche Glanzleistung aber leider weitgehend unbeachtet.
Wahrscheinlich ist es aber nicht dieses Enzym allein, das uns vor dem »Angehen« der Krebszellen im Körper schützt. Die Körperabwehr setzt sich fast immer aus mehreren Faktoren zusammen, die eine Erkrankung von mehreren Seiten gleichzeitig bekämpfen.
In der Krebsabwehr kommt den Enzymen aber offenbar eine sehr wichtige, vielleicht zentrale Bedeutung zu. Diese Auffassung wird gestützt durch die Tatsache, daß die Krebshäufigkeit jenseits der Lebensmitte deutlich zunimmt,

wenn der Körper weniger und dazu noch nicht mehr voll funktionsfähige Enzyme produziert. Außerdem dauert es auch einige Zeit, ehe sich die falsche Zivilisationskost mit ihrem Mangel an Enzymen und Koenzymen auswirkt. Natürlich kann Krebs auch in jüngeren Jahren und sogar bei Kleinkindern auftreten. Aus der Sicht der Enzymforschung erklärt sich das dann aus einem wahrscheinlich angeborenen Enzymmangel.
Schließlich erklärt die Bedeutung der Enzyme für die Krebsabwehr auch zwanglos, weshalb richtig zusammengesetzte vegetarische Ernährung Schutz vor Krebs bietet. Die vegetarische Kost enthält viel Rohkost, also genügend Enzyme und Koenzyme. Im Gegensatz zur üblichen Ernährung belastet sie den Organismus viel weniger mit Stoffen, die durch vermehrte Enzymproduktion wieder abgebaut werden müssen.
Eine interessante Beziehung zwischen Krebs und Enzymen stellt auch die neuerdings wieder häufiger diskutierte Theorie her, wonach die Krebsentstehung mit der Infektion durch langsame (Slow-) Viren in Zusammenhang steht. Diese Viren, die jahre- bis jahrzehntelang unbemerkt im Körper vorhanden sein können, stehen im Verdacht, das Erbmaterial der Zellen so zu verändern, daß diese sich schließlich der normalen Steuerung ihrer Teilung entziehen und ungehemmt wuchern können.
Wir stellten weiter vorne im Kapitel über Virusinfektionen (s. S. 47) bereits fest, daß Enzyme Viren vernichten können. Wenn die *Virus-Krebs-Theorie* zutrifft, dann erklärt sie allerdings noch lange nicht die Krebsentstehung insgesamt. Vermutlich können die Slow-Viren erst aktiv werden, wenn weitere schädliche Einflüsse hinzukommen. Dazu gehören vor allem Schadstoffe aus der Umwelt, Genußgifte (vor allem Nikotin), chemische Substanzen in der Nahrung, Mangelernährungszustände und seelische Faktoren, wie Streß oder ungelöste Konflikte. Sie beeinträchtigen die Körperabwehr so stark, daß die unter dem Einfluß der Viren beginnende hemmungslose Zellteilung nicht mehr unter Kontrolle gebracht und die Krebszellen nicht sofort vernichtet werden können.
Auch wenn die Virus-Krebs-Theorie nicht zutreffen sollte – vieles spricht aber schon für sie –, kommt den genannten Faktoren bei der Krebsentstehung mit Sicherheit große Bedeutung zu.
Inzwischen wurde bereits geklärt, wie Enzyme bei Krebs wirken. Am Anfang der Krebsentwicklung stehen entartete Zellen, wie sie vermutlich normalerweise immer wieder auch im gesunden Organismus auftreten. Sie werden von den körpereigenen Abwehrsystemen als Fremdkörper erkannt und rasch vernichtet. Das setzt voraus, daß die Abwehr über genügend Enzyme verfügen kann, die schädliche Zellen angreifen und auflösen. Im gesunden, vollwertig ernährten Organismus ist das der Fall. Deshalb haben die Krebszellen hier keine Chancen.

Hier erhebt sich nun die Frage, wie Enzyme eine Krebszelle vernichten können. Im Kapitel über Virusinfektionen stellten wir bereits fest, daß lebende Zellen sich gegen eiweißspaltende Enzyme schützen. Das trifft für die Krebszellen aber nur bedingt zu. Ihre Eiweißstoffe weichen von denen gesunder Zellen ab und werden allein deshalb schon als Fremdkörper entlarvt und bekämpft. Bis sie Enzymhemmstoffe entwickeln können, vergeht einige Zeit. Sie reicht normalerweise aus, um die entarteten Zellen zu vernichten. In der Regel dauert das nicht länger als 12, maximal 48 Stunden.

In dieser Zeitspanne beginnt ein wahres Wettrennen zwischen Abwehr und Krebszellen. Diese versuchen, so rasch wie möglich mit gesunden Zellen in Kontakt zu geraten. Dabei kommt ihnen zugute, daß ihre Zellaußenwände nicht glatt, sondern rauh und klebrig sind. Diese Klebrigkeit, ein charakteristisches Merkmal jeder Krebszelle, entsteht durch Auflagerungen des Blutfaserstoffs Fibrin, der auch für die Blutgerinnung unentbehrlich ist. Fibrin wird nur durch Enzyme abgebaut. Im gesunden Körper, der über genügend Enzyme verfügt, verlieren die Krebszellen also rasch ihre Klebrigkeit, können sich nicht mehr festsetzen und werden durch Enzyme, weiße Blutkörperchen (Lymphozyten) und andere Abwehrstoffe rasch vernichtet.

Gelingt es der Krebszelle aber, sich an gesunden Zellen festzusetzen, dann überzieht sie sich rasch mit einem Netz aus Fibrin. Da Fibrin als körpereigener Wirkstoff von den Abwehrsystemen nicht angegriffen wird, überlebt die »maskierte« Krebszelle und beginnt zu wuchern. Erst wenn Enzyme das Fibrinnetz auflösen, wird die Krebszelle erneut von den Abwehrstoffen erkannt und angegriffen.

Besteht ein Mangel an fibrinauflösenden Enzymen, kann sich nicht nur die Krebszelle in ein Fibrinnetz einspinnen. Fibrin besitzt nach heutigem Wissen die verhängnisvolle Eigenschaft, sich auch auf den zur Krebsabwehr unentbehrlichen weißen Blutkörperchen abzulagern. Dadurch büßen sie viel an Aggressivität ein und können auch die noch frei im Blut vorhandenen, noch nicht durch ein Fibrinnetz geschützten Krebszellen nicht mehr vernichten. Auch dagegen helfen nur Enzyme, die das Fibrin auf den Lymphozyten wieder abbauen und die Abwehrstoffe dadurch aktiver und wirksamer machen.

Der gesunde Körper reguliert den Auf- und Abbau von Fibrin automatisch entsprechend den jeweiligen Bedürfnissen. Dazu benötigt er aber ausreichend Enzyme. Jenseits der Lebensmitte, wenn die Enzymausschüttung nachläßt und die Folgen der falschen Ernährung sich stärker auszuwirken beginnen, nimmt die Fibrinbildung im Körper zu. Das führt zum erhöhten Thromboserisiko, begünstigt aber auch die Krebsentstehung.

Besonders verhängnisvoll wirkt sich die körpereigene Fibrinbildung nach operativer Krebsbehandlung und chemischer oder Strahlentherapie aus. Jede Operation bedeutet für den Körper eine schwere Verletzung, auf die er mit

vermehrter Fibrinbildung reagieren muß, um die Blutverluste in Grenzen zu halten. Das kommt aber auch den Krebszellen zugute, die bei den Manipulationen am Tumor oft in den übrigen Körper gelangen. Sie finden ideale Bedingungen vor, um sich rasch an gesunde Zellen zu heften und mit einem Fibrinnetz gegen die Abwehrstoffe zu schützen, die zusätzlich noch durch Fibrinablagerungen in ihrer Wirkung behindert werden.
Ähnliches tritt ein, wenn ein Tumor unter der Einwirkung von Strahlen oder chemischen Arzneimitteln (Zytostatika) zerfällt. Auch dabei wird viel Fibrin gebildet, das den wenigen »ausgesäten« Krebszellen günstige Lebensbedingungen schafft. Sie gehen rasch an und bilden trotz erfolgreicher Therapie des Haupttumors schnell Tochterzellen, die dann auf die schulmäßige Behandlung kaum noch ansprechen und bald dazu führen, daß der Patient stirbt.
Vor diesen lebensbedrohenden Folgen der schulmedizinischen Krebstherapie bewahrt nur die vorbeugende Einnahme von Enzymen. Sie können das übermäßig gebildete Fibrin schneller abbauen, die Klebrigkeit der Tochterzellen und die Ausbildung eines Fibrinnetzes verhindern und die Abwehrstoffe von den Fibrinablagerungen befreien, so daß sie wieder ungehindert und aggressiv ihre wichtigen Aufgaben bei der Krebsabwehr erfüllen.
Obwohl heute genügend praktische Erfahrungen vorliegen, die eine Nachbehandlung mit Enzymen dringend nahelegen, gehört sie bisher in der klassischen Krebstherapie zu den Seltenheiten.
Das erklärt teilweise die häufigen Rückfälle trotz verbesserter Operations- und Bestrahlungstechniken und hochwirksamer Zytostatika. Zusätzlich führen Bestrahlungen und Chemotherapie aber häufig auch zum Zusammenbruch der gesamten Abwehrregulationen. Der Körper wird dann unfähig, die Tochterzellen zu bekämpfen. Sie wuchern sehr viel schneller als der erste Tumor, der noch auf den Widerstand eines Teils der Abwehrregulationen stieß, und sind keiner schulmedizinischen Therapie mehr zugänglich. Auch biomedizinische Behandlungsmethoden bleiben in solchen Fällen häufig ohne nennenswerten Erfolg, weil sie nicht so schnell wirksam werden können, wie sich die Tochtergeschwülste ausbreiten.
Krebsvorsorge und ergänzende Krebstherapie gehören zu den wichtigsten und vielversprechendsten Anwendungsgebieten der Enzymbehandlung. Vor allem der Vorbeugung kommt größte Bedeutung zu. Da wir grundsätzlich alle – wenn auch unterschiedlich stark – krebsgefährdet sind, geht uns die Vorbeugung alle an. Sie wird am besten mit enzymreicher Ernährung erzielt, wie sie schon weiter vorne beschrieben wurde. Hinzu kommt natürlich eine allgemein vernünftige Lebensführung. Da seelische Ursachen an der Krebsentstehung nach neuestem Wissen gleichfalls beteiligt sind, gilt es, im Rahmen der täglichen Gesundheitsvorsorge zugleich eine Art »Psychohygiene« zu betreiben. Unterdrückte seelische Konflikte und Gefühle, deren Wurzeln bis in die

Kindheit zurückreichen können, tragen wahrscheinlich besonders viel mit zu Krebs bei. Sie bedeuten Streß, der die Abwehr schwächt. Allein aus seelischen Ursachen kann Krebs allerdings nicht entstehen.

Wenn das Krebsrisiko mit dem Alter zunimmt, empfehlen sich regelmäßige Enzymkuren zur Ergänzung der anderen vorbeugenden Maßnahmen. Es genügt wahrscheinlich, solche Kuren 1- bis 2mal jährlich je 6–8 Wochen lang durchzuführen, um die Krebsgefährdung entscheidend herabzusetzen.

Unentbehrlich wird die Krebsvorbeugung durch Enzyme für Menschen, bei denen erfahrungsgemäß ein besonders hohes Krebsrisiko besteht. Wir kennen heute schon eine große Zahl solcher Faktoren.

Zunächst muß schon die Tatsache, daß in einer Familie vermehrt Krebs auftritt, der häufig immer wieder die gleichen Organe betrifft, Anlaß zur Enzymvorbeugung sein. Zwar wird Krebs nach heutigem Wissen nicht direkt vererbt, die Veranlagung dazu scheint aber doch teilweise auf Vererbung zu beruhen.

Als 2. große Risikogruppe müssen alle Menschen gelten, die gewohnheitsmäßig Genußgifte mißbrauchen. Das gilt vor allem für Raucher, deren deutlich höhere Gefährdung heute außer jedem Zweifel steht, aber auch bei zu reichlichem Alkohol- und Kaffeegenuß.

Die 3. Gruppe schließlich, die inzwischen ständig anwächst, wird überdurchschnittlich stark durch schädliche Einflüsse am Arbeitsplatz gefährdet. Dazu gehören (als aktuellstes Beispiel) die Arbeitnehmer in der Asbestindustrie. Grundsätzlich werden aber alle Berufe als stärker gefährdet betrachtet, bei denen häufig Staub anfällt oder viel mit Chemikalien hantiert wird. Ein typisches Beispiel sind die Friseure, die heute ungleich mehr chemische Substanzen als früher verwenden und deshalb vor allem magenkrebsgefährdet sind.

Für alle Risikogruppen empfiehlt sich neben der oben genannten Grundvorbeugung durch gesundheits- und abwehrfördernde Ernährung und Lebensweise die regelmäßige – zumindest häufige – Einnahme von Enzymen. Absoluten Schutz bietet das zwar auch nicht, weil die Krebsentstehung nicht ausschließlich aus Enzymmangel zu erklären ist, immerhin werden die Risiken aber reduziert.

Wenn die Risikofaktoren bereits zu ersten Veränderungen geführt haben, können Enzyme diese oft noch aufhalten oder beseitigen, so daß kein Krebs entstehen muß. Als »Freibrief« für Nikotinmißbrauch, ungezügelten Alkoholkonsum und andere Fehler der Lebensweise darf man das aber nicht mißverstehen. Erst wenn man sich dazu durchringt, alle diese Faktoren konsequent zu vermeiden, können die Enzyme ihre optimale vorbeugende Wirkung entfalten.

Allein durch diese einfachen Vorsorgemaßnahmen, unterstützt durch Vorsorgeuntersuchungen, die nicht erst den bereits bestehenden Tumor im Frühstadium aufdecken, sondern bereits die Jahre zuvor beginnende Stoffwechsel-

entgleisung, ließen sich zahlreiche Krebserkrankungen zuverlässig vermeiden. Wenn aber bereits eine bösartige Geschwulst besteht, erhält die Enzymtherapie einen ganz besonderen Rang als das Heilverfahren, das sich nicht nur gegen die entarteten Zellen selbst richtet, sondern zugleich auch den Weg freimacht für die körpereigenen Abwehrkräfte gegen Krebs, ohne deren Mitwirkung kaum eine dauernde Heilung erreicht werden kann.
Wie Enzyme gegen Krebs verabreicht werden, entscheidet immer der Therapeut, der beim geringsten Verdacht unverzüglich konsultiert werden muß. Selbstbehandlung durch Enzyme ist bei Krebs nicht erlaubt. Wenn der Arzt mangels Erfahrung mit der Enzymtherapie diese nicht verordnet, sollte man einen anderen (am besten biologisch orientierten) Therapeuten zuziehen, damit die Krankheit unbelastet durch die Vorurteile der Schulmedizin umfassend behandelt wird.
Im Prinzip gibt es zwei Möglichkeiten der Krebstherapie durch Enzyme:

- Vor- und Nachbehandlung bei klassischer Krebsbehandlung durch Stahl, Strahl und Zytostatika.
- Alleinige oder ergänzende Enzymtherapie im Rahmen der biomedizinischen Krebsbehandlung, die (mit gewissen Vorbehalten) auch die Operation mit einschließen kann.

Im ersten Fall dient die Enzymbehandlung hauptsächlich der Vorbeugung von Metastasen, die allzu oft das Ergebnis einer gelungenen Operation bald wieder zunichte machen. Wenn nach der Operation durch Zytostatika und/oder Bestrahlungen nachbehandelt wird, verhindern die Enzyme ebenfalls die Metastasenbildung. Gleichzeitig beugen sie den schlimmsten Nebenwirkungen dieser Behandlungsmethoden vor. Insbesondere kann ein völliger Zusammenbruch der Körperabwehr durch Enzyme meist vermieden und dadurch die Überlebenschance meist entscheidend gebessert werden.
Die biologische Krebsmedizin steht Bestrahlungen und Zytostatika grundsätzlich ablehnend gegenüber. Diese Einstellung rechtfertigt sich aus den bekannten zahlreichen Nebenwirkungen und eben der Tatsache, daß die Abwehrkräfte weiter geschwächt werden. Im Einzelfall können beide Behandlungsmethoden auch einmal angezeigt sein, wenn gleichzeitig der Abwehrschwächung vorgebeugt wird. Das gilt vor allem für die modernen Bestrahlungstechniken, die gesundes Gewebe optimal schonen, und für Zytostatika, die gezielter nur auf die Krebszellen wirken.
Möglicherweise wird es durch Weiterentwicklung der bisherigen Methoden durchaus einmal möglich sein, schulmedizinische und biologische Heilverfahren zu kombinieren. Die Sauerstoff-Mehrschritt-Therapie nach Professor Manfred von Ardenne, die in abgewandelter Form vor allem an der Elbe-Klinik in Hamburg praktiziert wird, könnte ein erster Schritt in dieser Richtung sein.

Der Fachmann kann Enzyme im Rahmen der ausschließlich biologischen Krebstherapie, die lediglich die operative Entfernung eines Tumors als schulmedizinische Maßnahme zuläßt, auch allein oder ergänzend neben anderen biologischen Heilverfahren verordnen. Die Ergebnisse solcher Behandlungen sind oft erstaunlich gut und frei von unerwünschten Nebenwirkungen. Eine vergleichbare Erfolgsstatistik kann die einseitige offizielle Krebsmedizin nicht vorweisen, da sie von einem unvollständigen Denkansatz ausgeht. Die Enzyme werden in solchen Fällen häufig injiziert, um eine rasche Wirkung zu erzielen. Nach Anweisung des Therapeuten ergänzt man die Injektionen durch innerlich anzuwendende Enzymgemische, bei Bedarf zusätzlich Enzymsalben. Eine sehr hoch dosierte Enzymtherapie ermöglichen Klistiertabletten; dabei werden die Enzyme als Einlauf (Klistier) in den Darm verabreicht.
Immer muß die Enzymbehandlung durch Krebsdiät unterstützt werden. Auf diese spezielle Diätform, die vor allem von Professor Zabel entwickelt wurde, soll hier nicht mehr näher eingegangen werden. Es gibt verschiedene Bücher, in denen die Krebsdiät für Laien verständlich beschrieben wird. Als Heilmittel muß sie aber – dem Einzelfall angemessen – stets vom Therapeuten verordnet werden.
Zum Abschluß sei noch eine Wirkung der Krebstherapie mit Enzymen hervorgehoben – der schmerzlindernde Effekt. Er beruht auf dem Abbau der biochemischen Stoffe, die eine Nervenreizung bewirken, die das Gehirn dann als Schmerz wahrnimmt. Gerade bei Krebs, der meist zu sehr starken Schmerzen führt, die durch entsprechend starke Schmerz- und Betäubungsmittel unterdrückt werden müssen, kann man diese Wirkung nicht hoch genug einschätzen.
Enzyme bewirken bei Krebs keine »Wunder«. Es gibt Grenzen ihrer Wirksamkeit, das gilt vor allem für weit fortgeschrittene Fälle. Aber auch dann können Enzyme noch lindern und das Allgemeinbefinden bessern, ohne daß der Rest des Lebens durch quälende Nebenwirkungen überschattet wird. In der Krebsvorsorge sind Enzyme zusammen mit vernünftiger, gesunder Lebensweise unschlagbar.
Geeignete Enzymmedikamente zur Vorbeugung von Krebs gibt die im nächsten Kapitel aufgeführte Liste an. Sie werden auch zur Krebsbehandlung verabreicht, dann aber nur genau nach Verordnung des Therapeuten.

Rezeptfreie Enzymmedikamente zur Selbsthilfe

Die folgende Auswahl rezeptfrei in Apotheken erhältlicher Enzymzubereitungen beschränkt sich auf Medikamente, die in der Praxis des Autors erprobt wurden. Wenn ein enzymhaltiges Arzneimittel hier nicht aufgeführt ist, spricht das nicht gegen seine Wirksamkeit. Es gibt zu viele Enzymspezialitäten, als daß sie auch nur annähernd vollständig angegeben werden konnten.
Die verschiedenen Medikamente werden alphabetisch nach ihren geschützten Handelsnamen aufgelistet. Die Zusammensetzung wird entsprechend den Angaben der Herstellerfirmen wiedergegeben.
Selbstbehandlung mit Enzymen kommt nur dann in Frage, wenn es sich um offensichtlich leichtere Krankheiten handelt, die keiner fachmännischen Untersuchung bedürfen. In allen anderen Fällen – vor allem bei unklaren, chronisch wiederkehrenden oder offensichtlich ernsteren Erkrankungen – muß grundsätzlich immer der Fachmann konsultiert werden. Diese Einschränkung gilt nicht nur für die Enzymtherapie, sondern für jede Form der Selbsthilfe.

Alph-intern-Filmtabletten

Hersteller:	Firma Hasenclever, Bonn
Zusammensetzung:	1 Filmtablette enthält 3 mg Alpha-Chymotrypsin und 10 mg Trypsin.
Anwendungsgebiete:	Schwellungen und Blutergüsse verschiedener Ursachen, wie Prellungen, Verrenkungen, Verstauchungen, Zerrungen, Knochenbruch; entzündliche Schwellungen an den Augenlidern, am Kiefer, an den Gliedern und im Hals-Nasen-Ohren-Bereich.
Dosierung:	einleitend 3mal 2 Tabletten, später auf 3mal 1 Filmtablette täglich reduzieren.
Nebenwirkungen:	In seltenen Fällen kommt es zu allergischen Reaktionen, die ein Absetzen des Arzneimittels erforderlich machen.

Alpha-Chymocutan-Emulsion

Hersteller:	Firma Hasenclever, Bonn
Zusammensetzung:	1 Packung besteht aus 1 Flasche Trockensubstanz mit 5 mg Alpha-Chymotrypsin und 1 Flasche mit 5 ml Emulsion. Trockensubstanz und Emulsion werden erst unmittelbar vor der Anwendung gemischt.

Anwendungsgebiete: Bluterguß, Prellungen, Quetschungen, Verrenkungen, Verstauchungen, Zerrungen, Venenentzündungen (nur oberflächliche), Schwellungen und Blutergüsse anderer Ursachen, zur Wundbehandlung und Nachbehandlung frischer Narben.
Dosierung: mehrmals täglich äußerlich anwenden.
Gegenanzeigen: Ekzeme und Hautallergien.
Nebenwirkungen: In seltenen Fällen kommt es zu allergischen Reaktionen, die ein Absetzen des Arzneimittels erforderlich machen.

Alzym-Dragees
Hersteller: Zellmedin Vertriebs-GmbH Otto Schöner, München
Zusammensetzung: 1 Dragee enthält je 30 mg Bromelin und Papain, 20 mg Protease, 30 mg Knoblauchextrakt, 20 mg Pisum sativum pulv. und 1 mg Kalbsthymuspulver.
Anwendungsgebiete: Vorbeugung von Altersbeschwerden und vorzeitigem Altern, Anregung der Körperabwehr, Vorbeugung von Entzündungen, Blutreinigung, Verdauungsregulierung; auch günstiger Einfluß auf Lungen und Bronchien.
Dosierung: täglich 2 Dragees vor dem Frühstück mit etwas Flüssigkeit einnehmen, mindestens 4 Wochen lang kurmäßig.

Cynarzym-Dragees
Hersteller: Roland GmbH, Hamburg
Zusammensetzung: 1 Dragee enthält 50 mg Pankreatin, 20 mg Amylase, 50 mg Artischokken, 30 mg Boldoblätter, je 20 mg Aloe, Schöllkraut und Rindergalle.
Anwendungsgebiete: Verdauungsschwäche im Alter oder während der Genesungszeit nach schwereren Krankheiten; Verdauungsstörungen bei Leber-, Gallenblasen- und Bauchspeicheldrüsenerkrankungen.
Dosierung: 2–3 Dragees unzerkaut zu jeder Mahlzeit.
Gegenanzeigen: schwere Leberfunktionsstörungen, Leberkoma, Vereiterung der Gallenblase, Verschluß der Gallenwege, Darmverschluß.

Elerocidden-Dragees
Hersteller: Wulf Rabe & Co. GmbH KG, Berlin
Zusammensetzung: 1 Dragee enthält 10 mg Pepsin, 25 mg Papain, 5 mg Pepton, 25 mg Glutaminsäure, 75 mg Zitronensäure, 10 mg Asparaginsäure und 1 Mikrogramm Vitamin B_{12}.
Anwendungsgebiete: Verdauungsbeschwerden durch verminderte oder fehlende Produktion von Magensaft, bei Magenschleimhautentzündungen, Appetitmangel, chronischen Gallenblasenerkrankungen und altersbedingten Verdauungsstörungen.
Dosierung: 3mal täglich 1/2 Stunde vor dem Essen je 1–3 Dragees.

Enzym-Dragees »Wiedemann«
Hersteller: Wiedemann-Pharma GmbH, Münsing-Ambach
Zusammensetzung: 1 Dragee enthält 100 mg Pankreatin, 60 mg Papayotin, 45 mg Bromelin, 24 mg Trypsin, je 10 mg Amylase und Lipase, 1 mg Chymotrypsin und 50 mg Rutin.

Anwendungsgebiete: Krampfadern, Venenentzündung, Hämorrhoiden, Thrombosen, Arterienverkalkung, Bronchitis, Blutergüsse, Schwellungen, Entzündungen, Alters- und Abnutzungserscheinungen, Bandscheibenbeschwerden, Zellulitis.
Dosierung: täglich 2–4 Dragees vor dem Frühstück mit Flüssigkeit einnehmen.
Gegenanzeigen: Erkrankungen mit erhöhtem Blutungsrisiko, Blutgerinnungsstörungen.

Enzym-Hepaduran-Filmdragees
Hersteller: Alfred Zwintscher GmbH, Heidelberg
Zusammensetzung: 1 Filmdragee enthält 200 mg Pankreatin, 25 mg Bromelin, 10 mg Trypsin, je 15 mg Berberitze, Kurkuma, Mariendistel und Rindergalle, je 5 mg Vitamin B_1 und B_2, 6 mg Vitamin B_6 und 10 mg Vitamin B_{15}.
Anwendungsgebiete: Enzymmangel bei Leber- und Gallenblasenleiden, altersbedingte Verdauungsschwäche, Funktionsstörungen im Leber-Gallenblasen-Bereich.
Dosierung: 1–2 Dragees nach jeder Mahlzeit.
Gegenanzeigen: Darmverschluß, Gallenblaseneiterungen.

Esberizym-Dragees
Hersteller: Schaper & Brümmer, Salzgitter-Ringelheim
Zusammensetzung: 1 Dragee enthält 150 mg Pankreatin-Hydrolysat, 50 mg Bromelin, 12 000 I. E. (Internationale Einheiten) Amylase, 250 I. E. Lipase, 150 I. E. Chymotrypsin, 100 I. E. Trypsin, 60 mg Rindergalle, 40 mg Dimethylpolysiloxan (gegen Blähungen).
Anwendungsgebiete: akute und chronische Verdauungsstörungen mit ungenügender Enzymproduktion, Blähungen, Gärungs- und Fäulnisprozesse im Darm, chronische Entzündungen der Bauchspeicheldrüse.
Dosierung: 1–2 Dragees (bei Bedarf mehr) zu jeder Mahlzeit.
Gegenanzeigen: bestimmte Formen des Magengeschwürs, akute Bauchspeicheldrüsenentzündung.

Frubienzym-Tabletten
Hersteller: Dieckmann GmbH, Bielefeld
Zusammensetzung: 1 Tablette enthält 5 mg Lysozym, 2 mg Papain und 200 Internationale Einheiten Bacitracin.
Anwendungsgebiete: Entzündungen und bakterielle Infektionen im Mund-, Rachen- und Kehlkopfbereich.
Dosierung: einleitend 6 Tabletten, nach Besserung 4 Tabletten täglich im Mund zergehen lassen (so langsam wie möglich, nicht lutschen oder kauen).

Pancholtruw-Dragees
Hersteller: Truw-Arzneimittel KG, Krefeld
Zusammensetzung: 1 Dragee enthält 50 mg Bromelin, 350 mg Pankreatin mit einem Mindestenzymgehalt von 45 000 E/g (Einheiten je Gramm) Lipase, 40 000 E/g Amylase und 1 900 E/g Protease; 50 mg Mariendistel, je 25 mg Dehydrocholsäure und Schöllkraut.
Anwendungsgebiete: Enzymmangel durch Störungen im Magen-Darmbereich, Appetitmangel, Blähungen, Aufstoßen, Völlegefühl, nach zu fetten, schweren Mahlzeiten, bei Funktionsschwäche der Bauchspeicheldrüse.

Dosierung: nach jeder Mahlzeit 1–2 Dragees (bei Bedarf auch mehr) unzerkaut mit etwas Flüssigkeit einnehmen.

Panpeptal-Dragees

Hersteller: Chr. Brunnengräber GmbH, Lübeck

Zusammensetzung: 1 Dragee enthält 12 mg Pepsin, 90 mg Pankreatin, entsprechend je 2700 E (Einheiten) Amylase und Lipase und 220 E Proteasen.

Anwendungsgebiete: Magensaftmangel, Bauchspeicheldrüsenfunktionsschwäche, nachoperative Verdauungsbeschwerden.

Panpur-Dragees

Hersteller: Nordmark GmbH, Uetersen

Zusammensetzung: 1 Dragee enthält 700 mg Pankreatin, entsprechend 35000 E (Einheiten) Amylase, 28000 E Lipase, 7000 E Chymotrypsin, 2100 E Trypsin und 50 mg Ochsengalle.

Anwendungsgebiete: Verdauungsschwäche nach schweren Erkrankungen, im Alter, nach Operationen und bei Funktionsschwäche der Bauchspeicheldrüse; Verdauungsstörungen durch Magen-, Darm-, Leber- und Gallenblasenkrankheiten, Blähungen und Völlegefühl nach zu schweren, fetten Mahlzeiten.

Dosierung: zu jeder Mahlzeit 1–3 Dragees.

Phyto-Geriatrikum-Dragees

Hersteller: Zellmedin Vertriebs-GmbH Otto Schöner, München

Zusammensetzung: 1 Dragee enthält je 30 mg Bromelin und Papain, 40 mg Mistel, 30 mg Teufelskralle, je 25 mg Arnika und Kawa-Kawa, je 20 mg Ginseng und Weißdorn, 3 Mikrogramm Rhododendron.

Anwendungsgebiete: Vorbeugung und Behandlung von Altersbeschwerden, vorzeitiger Leistungsschwäche, Abnutzungserscheinungen und Arterienverkalkung.

Dosierung: täglich 2 Dragees kurmäßig über 4–6 Wochen.

traumanase-Dragees/traumanase-forte-Dragees

Hersteller: Arznei Müller-Rorer GmbH, Bielefeld

Zusammensetzung: 1 Dragee enthält 20 mg (50000 Einheiten) Bromelin; 1 forte-Dragee enthält die doppelte Menge Bromelin.

Anwendungsgebiete: Entzündungen verschiedener Ursachen mit Schwellungen als Hauptsymptom.

Dosierung: einleitend für Erwachsene 3- bis 4mal täglich 3 Dragees oder 2 forte-Dragees, nach Besserung 3mal 2 Dragees oder 3mal 1 forte-Dragee; für Kinder einleitend 3mal 1–2 Dragees, nach Bessserung 2- bis 3mal 1 Dragee. Die Dragees werden unzerkaut vor (nie nach!) den Mahlzeiten eingenommen.

Nebenwirkungen: in seltenen Fällen allergische Reaktionen, die einen Abbruch der Behandlung erforderlich machen.

Gegenanzeigen: Blutgerinnungsstörungen, Gefahr akuter Blutungen, schwere Leber- und Nierenschäden.

Vitacain-Dragees

Hersteller: Zellmedin Vertriebs-GmbH Otto Schöner, München

Zusammensetzung: 1 Dragee enthält 20 mg Pankreatin, je 10 mg Bromelin und Papain, 5 mg Trypsin, verschiedene Vitalstoffe und Procain.

Anwendungsgebiete: Vorbeugung und Behandlung von Altersbeschwerden, Leistungsschwäche, Ermüdung, Potenzstörungen, Nervosität, Schlafstörungen, Beschwerden während der Wechseljahre, vorzeitiges Ergrauen der Haare, Haarausfall, Wetterfühligkeit, Zahnfleischschwund, unterstützend bei Rheuma, Ischias, Migräne und Abnutzungserscheinungen.

Dosierung: täglich 2mal 1 Dragee 20 Minuten vor dem Essen mit 1/2 Tasse Flüssigkeit; die Behandlung soll kurmäßig mindestens 4–6 Wochen durchgeführt werden.

Nebenwirkungen: in seltenen Fällen allergische Reaktionen, die eine Unterbrechung der Therapie erforderlich machen.

Gegenanzeigen: akute oder chronische Nierenentzündungen, Schwangerschaft, gleichzeitige Behandlung mit Sulfonamiden.

Wobenzym-Dragees

Hersteller: Mucos Emulsionsgesellschaft mbH, Geretsried

Zusammensetzung: 1 Dragee enthält 100 mg Pankreatin, 60 mg Bromelin, 24 mg Trypsin, je 10 mg Amylase und Lipase, 1 mg Alpha-Chymotrypsin und 50 mg Rutin.

Anwendungsgebiete: Arterien-, Venen-, Krampfader- und Lymphgefäßentzündungen, Thrombosen, Arterienverkalkung, Durchblutungsstörungen, Angina pectoris; vorbeugende und ergänzende Behandlung von Herzinfarkt und Schlaganfall; rheumatische Erkrankungen der Muskeln und Gelenke, Gelenkabnutzung; Prellungen, Quetschungen, Blutergüsse, Verrenkungen, Verstauchungen, Zerrungen und Schwellungen; Blut- und Lymphstauungen verschiedener Ursachen; Entzündungen im Bereich der Atmungsorgane, Bronchialasthma; Entzündungen im Hals-Nasen-Ohren-Bereich; Entzündungen der Verdauungs-, Harn- und Geschlechtsorgane; Hautentzündungen und -ausschläge, Akne, Sonnenbrand, schlecht heilende Wunden und Geschwüre, Narbenwucherungen; Vorbeugung und Behandlung von Strahlenschäden (vor allem bei der Strahlentherapie des Krebses).

Dosierung: vorbeugend 3mal 1 Dragee, zur Behandlung von Erkrankungen in der Regel 3mal 2 Dragees; bei schweren und chronischen Krankheiten bis zum Eintritt der Besserung 3mal 4–6 Dragees; zur Stoßtherapie bei sich rasch verschlimmernden Entzündungen (etwa Rheuma) und bei frischen Verletzungen im 3-Stunden-Rhythmus 3- bis 5mal je 10 Dragees, dann Übergang zur Normaldosis; die Dragees werden nach den Mahlzeiten unzerkaut eingenommen, bei Bedarf auch zwischen den Mahlzeiten.

Gegenanzeigen: Bei bekannter Eiweißallergie sollte mit niedriger Dosis begonnen werden. Treten allergische Reaktionen auf, setzt man 3 Tage aus und gibt dann die normale Dosis. Wenn erneut allergische Reaktionen eintreten, muß das Medikament abgesetzt werden. Vorsicht ist geboten bei akuter Blutungsgefahr, Verletzungen und Krampfadern in der Speiseröhre (Arzt fragen). Schwangere sollten die Dragees (wie auch alle anderen Arzneimittel) nur in begründeten Ausnahmefällen einnehmen.

Nebenwirkungen und Begleiterscheinungen	vorübergehend weicher Stuhl oder Durchfall, der nach vorübergehender Halbierung der Tagesdosis verschwindet. Die Verfärbung des Stuhls ist bedeutungslos. Vorübergehende Verschlimmerung der Beschwerden ist als positive Reaktion zu bewerten und kein Anlaß zum Abbruch der Therapie.

Wobenzym-Salbe

Hersteller:	siehe Wobenzym-Dragees
Zusammensetzung:	1 g Salbe enthält 10 mg Pankreatin, 6 mg Papain, 4,5 mg Bromelain, 2,4 mg Trypsin, je 1 mg Amylase und Lipase, 0,1 mg Alpha-Chymotrypsin, 5400 Internationale Einheiten Retinolpalmitat, 3 mg Alpha-Tocopherolacetat und 14 mg Linolsäureglycerinester in hautfreundlicher Grundlage.
Anwendungsgebiete:	ergänzende Behandlung aller unter Wobenzym-Dragees genannten Erkrankungen, die von außen beeinflußt werden können, insbesondere Gefäß-, rheumatische und Hautkrankheiten, Verletzungen, Geschwüre und Schwellungen.
Dosierung:	mehrmals täglich messerrückendick auftragen, wenn möglich einmassieren; auch die vorbeugende Anwendung ist bei Bedarf sehr zu empfehlen.
Gegenanzeigen:	bei bekannter Eiweißallergie Salbe probeweise auf einer handtellergroßen Fläche anwenden; treten Rötung und Juckreiz auf, Salbe abwaschen und erst nach 3 Tagen die Behandlung wiederholen; bei erneuter allergischer Reaktion ist die Anwendung zu unterlassen.
Nebenwirkungen:	bei offenen Wunden geringe Blutungen, die für die Heilung günstig sind; leichtes Brennen in Geschwüren und Wunden, dem man durch Verdünnung der Salbe mit etwas Wasser vorbeugen kann.

Wobe-Mugos-Dragees/Lutschdragees

Hersteller:	siehe Wobenzym-Dragees
Zusammensetzung:	1 Dragee/Lutschdragee enthält 25 mg Enzymgemisch; in 100 mg Enzymgemisch sind eiweißlösende Enzyme aus Rinderpankreas 8 mg, Kalbsthymus 4 mg, Pisum sativ. 4 mg, Lens esculenta 4 mg und Papayotin 2 mg enthalten.
Anwendungsgebiete:	unterstützende Krebsbehandlung, insbesondere zur Vorbereitung auf die Operation und zur Nachbehandlung, zur Vorbeugung von Strahlenschäden, Vermeidung von Tochtergeschwülsten, zur Schmerzlinderung und Besserung des Allgemeinbefindens; bei Virusinfektionen verschiedener Art, insbesondere Grippe, Gürtelrose, Herpes simplex und Mumps, versuchsweise auch bei Warzen.
Dosierung:	2mal täglich 2–8 (bei Bedarf mehr) Dragees 1–2 Stunden vor den Mahlzeiten mit Flüssigkeit oder täglich 2–4 Lutschdragees. In allen Fällen kommen bei Bedarf unterstützende Wobe-Mugos-Klistiertabletten, -Zäpfchen oder -Salbe zur Anwendung; Injektionen erfolgen stets durch den Fachmann.
Gegenanzeigen:	mit akutem Blutungsrisiko einhergehende Erkrankungen.

Wobe-Mugos-Klistiertabletten

Hersteller:	siehe Wobenzym-Dragees
Zusammensetzung:	1 Klistiertablette enthält 100 mg Papainasen, je 40 mg Chymotrypsin und Trypsin, 40 mg Hydrolysat aus Kalbsthymus mit Kathepsin.
Anwendungsgebiete:	siehe Wobe-Mugos-Dragees.
Dosierung:	grundsätzlich so hoch wie möglich und verträglich (Arzt fragen); in der Regel 2–4 Klistiertabletten auf 1 Klistier lösen, täglich sind 1–2 Einläufe angezeigt.
Gegenanzeigen:	siehe Wobe-Mugos-Dragees.

Wobe-Mugos-Salbe

Hersteller:	siehe Wobenzym-Dragees
Zusammensetzung:	20 g Salbe enthalten 400 mg Enzymgemisch (wie Wobe-Mugos-Dragees).
Anwendungsgebiete:	ergänzend zu Wobe-Mugos-Dragees in den Fällen, die einer äußerlichen Behandlung zugänglich sind, vor allem bei Herpes simplex, Gürtelrose und Warzen.
Dosierung:	mehrmals täglich messerrückendick auftragen.
Gegenanzeigen:	siehe Wobe-Mugos-Dragees.

Wobe-Mugos-Zäpfchen

Hersteller:	siehe Wobenzym-Dragees
Zusammensetzung:	1 Zäpfchen enthält 100 mg Enzymgemisch (wie Wobe-Mugos-Dragees).
Anwendungsgebiete:	siehe Wobe-Mugos-Dragees.
Dosierung:	1–3 Zäpfchen täglich einführen, bei Bedarf kombiniert mit Dragees oder Injektionen.
Gegenanzeigen:	siehe Wobe-Mugos-Dragees.

Zell-H-3-Dragees

Hersteller:	Zellmedin Vertriebs-GmbH Otto Schöner, München
Zusammensetzung:	1 Dragee enthält je 10 mg Bromelin und Pankreatin, verschiedene Vitalstoffe und Procain.
Anwendungsgebiete:	Vorbeugung von Altersbeschwerden, Leistungsschwäche, Konzentrations- und Gedächtnisstörungen, seelischen Verstimmungen, Erschöpfungszustände, Schutz der Gefäße vor Arterienverkalkung, Normalisierung der Darmflora.
Dosierung:	täglich 2 Dragees kurmäßig 6–8 Wochen lang.
Gegenanzeigen:	akute und chronische Nierenentzündung, Schwangerschaft, gleichzeitige Behandlung mit Sulfonamiden.

Enzyme in der Diagnostik

Neben ihren zahlreichen Aufgaben in der Vorbeugung und Behandlung von Krankheiten spielen die Enzyme in der Medizin zunehmend eine Rolle bei der Diagnose von Krankheiten. Zunächst gilt das natürlich für die sogenannten Enzymopathien. Das sind Erkrankungen, die primär durch Fehlfunktionen oder Ausfall von Enzymen oder Enzymsystemen entstehen. In erster Linie betreffen sie die Stoffwechselfunktionen. Viele dieser Störungen sind angeboren und enden manchmal innerhalb kurzer Zeit tödlich. Andere werden erst im Lauf des Lebens erworben, wobei Hormonstörungen, Strahlenschädigungen und Vergiftungen als Ursachen eine Rolle spielen.

Davon unterscheidet man jene Krankheiten, bei denen Fehlfunktionen von Enzymen und Enzymsystemen als Folgen (also sekundär) auftreten. Gerade in diesem Bereich konnten in der letzten Zeit bedeutende Fortschritte erzielt werden. Die Enzymdiagnostik nutzt in solchen Fällen die Tatsache, daß sich bei bestimmten Erkrankungen die Enzymwerte des Bluts in charakteristischer Weise verändern oder Enzyme darin auftauchen, die beim Gesunden im Blut nicht vorhanden sind. Daraus entwickelte man eine Reihe von Untersuchungsmethoden, die in der Klinik, zum Teil aber auch schon routinemäßig in der ambulanten Praxis durchgeführt werden.

Am längsten kennen wir die Messung der Aktivität der Amylasen (Diastasen) im Blut und Urin. Sie erlaubt Rückschlüsse auf Störungen der Bauchspeicheldrüse. Heute bestimmt man zur Diagnose von Erkrankungen dieses Organs auch den Wert der Lipase und des Trypsins im Blut und Darmsaft.

Unentbehrlich wurde die Enzymdiagnostik auch zur sicheren Diagnose akuter und chronischer Lebererkrankungen, wie Entzündungen, Leberzirrhose, Gelbsucht und Leberkrebs. Unter anderem kann man bei solchen Erkrankungen bestimmte alkalische Phosphatasen im Blut nachweisen. Manche Phosphatasen treten aber auch bei Erkrankungen der Knochen oder Nieren vermehrt oder vermindert im Blut auf.

Zur sicheren Diagnose des Vorsteherdrüsenkrebses beim Mann trägt die Bestimmung einer speziellen sauren Phosphatase im Blut bei. Sie wird nur in der Prostata gebildet und kommt bei krebsiger Entartung der Drüse vermehrt im Blut vor. Ihre Bestimmung ermöglicht also eine zuverlässige, vielleicht lebensrettende Diagnose.

Daneben gibt es noch eine Reihe anderer enzymdiagnostischer Möglichkeiten, die aus veränderten Enzymwerten Rückschlüsse auf bestimmte Erkran-

kungen zulassen. Unter anderem spielen sie bei der sicheren Diagnose des Herzinfarkts eine Rolle.
Ähnlich wie die Enzymtherapie steht auch die Enzymdiagnostik heute erst am Anfang. Für die Zukunft kann man von neuen, verfeinerten Enzymmessungen sicher noch bedeutende Fortschritte in der sicheren Früherkennung vieler Erkrankungen erwarten. Auch für den Patienten selbst bedeutet die Enzymdiagnostik – von der größeren Sicherheit abgesehen – eine Entlastung, obwohl die dazu notwendigen Blutentnahmen lästig und unangenehm sind. Nicht selten ermöglicht die Enzymdiagnostik aber den Verzicht auf andere, vielleicht mit Gesundheitsrisiken verbundene diagnostische oder chirurgische Maßnahmen. So betrachtet ist die Enzymdiagnostik auch für den Kranken ein erheblicher Fortschritt.

Register

Register

Stand Sommer 1987

Gesamt-Programm

Essen und Trinken

Köstliche Suppen
für jede Tages- und Jahreszeit. (5122) Von E. Fuhrmann, 64 S., 38 Farbfotos, 2 Zeichnungen, Pappband. ●●

Was koche ich heute?
Neue Rezepte für Fix-Gerichte. (0608) Von A. Badelt-Vogt, 112 S., 16 Farbtafeln, kart. ●

Kochen für 1 Person
Rationell wirtschaften, abwechslungsreich und schmackhaft zubereiten. (0586) Von M. Nicolin, 136 S., 8 Farbtafeln, 23 Zeichnungen, kart. ●

Schnell und individuell
Die raffinierte Single-Küche
(4266) Von F. Faist, 160 S., 151 Farbfotos, Pappband. ●●●

Gesunde Kost aus dem Römertopf
(0442) Von J. Kramer, 128 S., 8 Farbtafeln, 13 Zeichnungen, kart. ●

Nudelgerichte
– lecker, locker, leicht zu kochen. (0466) Von C. Stephan, 80 S., 8 Farbtafeln, kart. ●

Lieblingsrezepte
Phantasievoll zubereitet und originell dekoriert. (4234) Hrsg. P. Diller. 160 S., 120 Farbfotos, 34 Zeichnungen, Pappband. ●●●

Die besten Eintöpfe und Aufläufe
Das Beste aus den Kochtöpfen der Welt (5079) Von A. und G. Eckert, 64 S., 50 Farbfotos, Pappband. ●●

FALKEN-FEINSCHMECKER
Herzhaftes für Leib und Seele
Eintöpfe
(0820) Von P. Klein, 48 S., 30 Farbfotos, Pappband. ●

Schnell und gut gekocht
Die tollsten Rezepte für den Schnellkochtopf. (0265) Von J. Ley, 96 S., 8 Farbtafeln, kart. ●

Kochen und backen im Heißluftherd
Vorteile, Gebrauchsanleitung, Rezepte. (0516) Von K. Kölner, 72 S., 8 Farbtafeln, kart. ●

Das neue Mikrowellen-Kochbuch
(0434) Von H. Neu, 64 S., 4 Farbtafeln, 16 s/w Zeichnungen, kart. ●

Ganz und gar mit Mikrowellen
(4094) Von T. Peters, 208 S., 24 Farbfotos, 12 Zeichnungen, kart. ●●●

FALKEN-FEINSCHMECKER
Schnell auf den Tisch gezaubert
Kochen mit Mikrowellen
(0818) Von A. Danner, 64 S., 52 Farbfotos, Pappband. ●

Marmeladen, Gelees und Konfitüren
Köstlich wie zu Omas Zeiten – einfach selbstgemacht. (0720) Von M. Gutta, 32 S., 23 Farbfotos, 1 Zeichnung, Pappband. ●

Einkochen
nach allen Regeln der Kunst. (0405) Von B. Müller, 128 S., 8 Farbtafeln, kart. ●

Einkochen, Einlegen, Einfrieren
(4055) Von B. Müller, 27 s/w.-Abb., kart. ●●

FALKEN-FEINSCHMECKER
Goldbraun und knusprig
Fritierte Leckerbissen
(0868) Von F. Faist, 64 S., 47 Farbfotos, Pappband. ●

Das neue Fritieren
geruchlos, schmackhaft und gesund. (0365) Von P. Kühne, 96 S., 8 Farbtafeln, kart. ●

FALKEN-FEINSCHMECKER
Die Krönung der feinen Küche
Saucen
(0817) Von G. Cavestri, 48 S., 40 Farbfotos, Pappband. ●

Wildgerichte
einfach bis raffiniert. (5115) Von M. Gutta, 64 S., 43 Farbfotos, Pappband. ●●

FALKEN-FEINSCHMECKER
Von Tatar und falschen Hasen
Hackfleisch
(0866) Von A. und G. Eckert, 64 S., 42 Farbfotos, Pappband. ●

Mehr Freude und Erfolg beim **Grillen**
(4141) Von A. Berliner, 160 S., 147 Farbfotos, 10 farbige Zeichnungen, Pappband. ●●●

Grillen
Fleisch · Fisch · Beilagen · Soßen. (5001) Von E. Fuhrmann, 64 S., 38 Farbfotos, Pappband. ●●

Chinesisch kochen
Schmackhafte Rezepte für die abwechslungsreiche Küche. (5011) Von A. und G. Eckert, 64 S., 57 Farbfotos, Pappband. ●●

Chinesisch kochen
mit dem Wok-Topf und dem Mongolen-Topf. (0557) Von C. Korn, 64 S., 8 Farbtafeln, kart. ●

Schlemmerreise durch die
Chinesische Küche
(4184) Von Kuo Huey Jen, 160 S., 117 Farbfotos, Pappband. ●●●

Nordische Küche
Speisen und Getränke von der Küste. (5082) Von J. Kürtz, 64 S., 44 Farbfotos, Pappband. ●●

Deutsche Küche
Schmackhafte Gerichte von der Nordsee bis zu den Alpen. (5025) Von E. Fuhrmann, 64 S., 52 Farbfotos, Pappband. ●●

Essen in Hessen
Spezialitäten zwischen Schwalm und Odenwald
(0837) Von R. Witt, 120 S., 10 s/w-Zeichnungen, Pappband. ●●

Französisch kochen
Eine kulinarische Reise durch Frankreich. (5016) Von M. Gutta, 64 S., 35 Farbfotos, Pappband. ●●

Französische Küche
(0685) Von M. Gutta, 96 S., 16 Farbtafeln, kart. ●

Französische Spezialitäten aus dem Backofen
Herzhafte Tartes und Quiches mit Fleisch, Fisch, Gemüse und Käse
(5146) Von P. Klein, 64 S., 43 Farbfotos, Pappband. ●●

FALKEN-FEINSCHMECKER
Aus lauter Lust und Liebe
Knoblauch
(0867) Von L. Reinirkens, 64 S., 45 Farbfotos, Pappband. ●

Kochen und würzen mit **Knoblauch**
(0725) Von A. und G. Eckert, 96 S., 8 Farbtafeln, kart. ●

Schlemmerreise durch die
Italienische Küche
(4172) Von V. Pifferi. 160 S., 109 Farbfotos, Pappband. ●●●

Pizza, Pasta und die feine italienische Küche
(4270) Von R. Rudatis, 120 S., 255 Farbfotos, Pappband. ●●

Italienische Küche
Ein kulinarischer Streifzug mit regionalen Spezialitäten. (5026) Von M. Gutta, 64 S., 35 Farbfotos, Pappband. ●●

Köstliche Pizzas, Toasts, Pasteten
Schmackhafte Gerichte schnell zubereitet. (5081) Von A. und G. Eckert, 64 S., 46 Farbfotos, Pappband. ●●

FALKEN-FEINSCHMECKER
Schlemmen wie bei Mamma Maria
Pizzas
(0815) Von F. Faist, 64 S., 62 Farbfotos, Pappband. ●

Köstliche Pilzgerichte
Tips und Rezepte für die häufigsten Pilzgattungen. (5133) Von V. Spicker-Noack, M. Knoop, 64 S., 52 Farbfotos, Pappband. ●●

Köstliche Fondues
mit Fleisch, Geflügel, Fisch, Käse, Gemüse und Süßem. (5006) Von E. Fuhrmann, 64 S., 50 Farbfotos, Pappband. ●●

Fondues
und fritierte Leckerbissen. (0471) Von S. Stein, 96 S., 8 Farbtafeln, kart. ●

Fondues · Raclettes · Flambiertes
(4081) Von R. Peiler und M.-L. Schult, 136 S., 15 Farbtafeln, 28 Zeichnungen, kart. ●●

Neue, raffinierte Rezepte mit dem Raclette-Grill
(0558) Von L. Helger, 56 S., 8 Farbtafeln, kart. ●

Die hier vorgestellten Bücher, Videokassetten und Software sind in folgende Preisgruppen unterteilt:

● Preisgruppe bis DM 10,–/S 79,–
●● Preisgruppe über DM 10,– bis DM 20,– S 80,– bis S 160,–
●●● Preisgruppe über DM 20,– bis DM 30,– S 161,– bis S 240,–
●●●● Preisgruppe über DM 30,– bis DM 50,– S 241,– bis S 400,–
●●●●● Preisgruppe über DM 50,–/S 401,–
*(unverbindliche Preisempfehlung)

Rezepte rund um Raclette und Hobby-Rechaud
(0420) Von J. W. Hochscheid, 72 S., 8 Farbtafeln, kart. ●

Fondues und Raclettes
(4253) Von F. Faist, 160 S., 125 Farbfotos, Pappband. ●●●

Kochen und würzen mit
Paprika
(0792) Von A. und G. Eckert, 88 S., 8 Farbtafeln, kart. ●

Kleine Kalte Küche
für Alltag und Feste. (5097) Von A. und G. Eckert, 64 S., 45 Farbfotos, Pappband. ●●

Kalte Platten – Kalte Büfetts
rustikal bis raffiniert. (5015) Von M. Gutta, 64 S., 34 Farbfotos, Pappband. ●●

Kalte Happen und Partysnacks
Canapés, Sandwiches, Pastetchen, Salate und Suppen. (5029) Von D. Peters, 64 S., 44 Farbfotos, Pappband. ●●

Garnieren und Verzieren
(4236) Von R. Biller, 160 S., 329 Farbfotos, 57 Zeichnungen, Pappband. ●●●

Desserts
Puddings, Joghurts, Fruchtsalate, Eis, Gebäck, Getränke. (5020) Von M. Gutta, 64 S., 41 Farbfotos, Pappband. ●●

FALKEN-FEINSCHMECKER
Süße Geheimnisse eiskalt gelüftet
Eis und Sorbets
(0870) Von H. W. Liebheit, 48 S., 38 Farbfotos, Pappband. ●

Crêpes, Omeletts und Soufflés
Pikante und süße Spezialitäten. (5131) Von J. Rosenkranz, 64 S., 45 Farbfotos, Pappband. ●●

Kuchen und Torten
Die besten und beliebtesten Rezepte. (5067) Von M. Sauerborn, 64 S., 79 Farbfotos, Pappband. ●●

Tortenträume und Kuchenfantasien
Gebackene Köstlichkeiten originell dekoriert und verziert
(0823) Von F. Faist, 80 S., 150 Farbfotos, kart. ●●

Schönes Hobby Backen
Erprobte Rezepte mit modernen Backformen. (0451) Von E. Blome, 96 S., 8 Farbtafeln, kart. ●

Backen, was allen schmeckt
Kuchen, Torten, Gebäck und Brot. (4166) Von E. Blome, 556 S., 40 Farbtafeln, Pappband. ●●●

Meine Vollkornbackstube
Brot · Kuchen · Aufläufe. (0616) Von R. Raffelt, 96 S., 4 Farbtafeln, 12 Zeichnungen, kart. ●

FALKEN-FEINSCHMECKER
Mit Körnern, Zimt und Mandelkern
Vollkorngebäck
(0816) Von M. Bustorf-Hirsch, 48 S., 39 Farbfotos, Pappband. ●

Biologisch Backen
Neue Rezeptideen für Kuchen, Brote, Kleingebäck aus vollem Korn. (4174) Von M. Bustorf-Hirsch, 136 S., 15 Farbtafeln, 47 Zeichnungen, kart. ●●

Selbst Brotbacken
Über 50 erprobte Rezepte. (0370) Von J. Schiermann, 80 S., 6 Zeichnungen, 4 Farbtafeln, kart. ●

Mehr Freude und Erfolg beim
Brotbacken
(4148) Von A. und G. Eckert, 160 S., 177 Farbfotos, Pappband. ●●●

Brotspezialitäten
knusprig backen – herzhaft kochen. (5088) Von J. W. Hochscheid und L. Helger, 64 S., 48 Farbfotos, Pappband. ●●

Weihnachtsbäckerei
Köstliche Plätzchen, Stollen, Honigkuchen und Festtagstorten. (0682) Von M. Sauerborn, 32 S., 36 Farbfotos, Pappband. ●

Waffeln
süß und pikant. (0522) Von C. Stephan, 64 S., 8 Farbtafeln, kart. ●

Kochen für Diabetiker
Gesund und schmackhaft für die ganze Familie. (4132) Von M. Toeller, W. Schumacher, A. C. Groote, 224 S., 109 Farbfotos, 94 Zeichnungen, Pappband. ●●●

Neue Rezepte für Diabetiker-Diät
Vollwertig – abwechslungsreich – kalorienarm. (0418) Von M. Oehlrich, 120 S., 8 Farbtafeln, kart. ●

Wer schlank ist, lebt gesünder
Tips und Rezepte zum Schlankwerden und -bleiben. (0562) Von R. Mainer, 80 S., 8 Farbtafeln, kart. ●

SLIM
Der neue, individuelle Schlankheitsplan (4277) Von Prof. Dr. E. Menden, W. Aign, 120 S., 440 Farbfotos, Pappband. ●●●

Kalorien – Joule
Eiweiß · Fett · Kohlenhydrate tabellarisch nach gebräuchlichen Mengen. (0374) Von M. Bormio, 88 S., kart. ●

Alles mit Joghurt
tagfrisch selbstgemacht. Mit vielen Rezepten. (0382) Von G. Volz, 88 S., 8 Farbtafeln, kart. ●

Gesund leben – schlank werden mit der
Bio-Kur
(0657) Von S. Winter, 144 S., 4 Farbtafeln, kart. ●

FALKEN-FEINSCHMECKER
Raffiniert und gesund würzen
Kräuterküche
(0869) Von A. Görgens, 48 S.,43 Farbfotos, Pappband. ●

Miekes Kräuter- und Gewürzkochbuch
(0323) Von I. Persy und K. Mieke, 96 S., 8 Farbtafeln, kart. ●

Delikate Salate
für alle Gelegenheiten rund ums Jahr. (5002) Von E. Fuhrmann, 64 S., 50 Farbfotos, Pappband. ●●

Das köstliche knackige Schlemmervergnügen.
Salate
(4165) Von V. Müller, 160 S., 80 Farbfotos, Pappband. ●●●

111 köstliche Salate
Erprobte Rezepte mit Pfiff. (0222) Von C. Schönherr, 96 S., 8 Farbtafeln, 30 Zeichnungen, kart. ●

FALKEN-FEINSCHMECKER
Köstlich frisch auf den Tisch
Rohkostsalate
(0865) Von C. Adam, 48 S., 26 Farbfotos, Pappband. ●

Rohkost
Schmackhafte Gerichte für die gesunde Ernährung. (5044) Von I. Gabriel, 64 S., 53 Farbfotos, Pappband. ●●

Joghurt, Quark, Käse und Butter
Schmackhaftes aus Milch hausgemacht. (0739) Von M. Bustorf-Hirsch, 32 S., 59 Farbabb., Pappband. ●

Die abwechslungsreiche Vollwertküche
Vitaminreich und naturbelassen kochen und backen. (4229) Von M. Bustorf-Hirsch, K. Siegel, 280 S., 31 Farbtafeln, 78 Zeichnungen, Pappband. ●●●●

Meine Vollkornküche
Herzhaftes von echtem Schrot und Korn (0858) Von S. Walz, 128 S., 8 Farbtafel, kart. ●

Alternativ essen
Die gesunde Sojaküche.
(0553) Von U. Kolster, 112 S., 8 Farbtafeln, kart. ●

Kochen mit Tofu
Die gesunde Alternative. (0894) Von U. Kolster, 80 S., 8 Farbtafeln, kart. ●

Das Reformhaus-Kochbuch
Gesunde Ernährung mit hochwertigen Naturprodukten. (4180) Von A. und G. Eckert, 160 S. 15 Farbtafeln, Pappband. ●●●

Gesund kochen mit Keimen und Sprossen
(0794) Von M. Bustorf-Hirsch, 104 S., 8 Farbtafeln, 13 s/w-Zeichnungen, kart. ●

Die feine Vegetarische Küche
(4235) Von F. Faist, 160 S., 191 Farbfotos, Pappband. ●●●

Biologische Ernährung
für eine natürliche und gesunde Lebensweise. (4125) Von G. Leibold, 136 S., 15 Farbtafeln, 47 Zeichnungen, kart. ●●

Gesunde Ernährung für mein Kind
(0776) Von M. Bustorf-Hirsch, 96 S., 8 Farbtafeln, 5 s/w Zeichnungen, kart. ●

Vitaminreich und naturbelassen
Biologisch Kochen
(4162) Von M. Bustorf-Hirsch und K. Siegel, 144 S., 15 Farbtafeln, 31 Zeichnungen, kart. ●●

Gesund kochen
wasserarm · fettfrei · aromatisch. (4060) Von M. Gutta, 240 S., 16 Farbtafeln, Pappband. ●●●

Kräuter- und Heilpflanzen-Kochbuch
für eine gesunde Lebensweise. (4066) Von P. Pervenche, 143 S., 15 Farbtafeln. kart. ●●

Pralinen und Konfekt
Kleine Köstlichkeiten selbstgemacht. (0731) Von H. Engelke, 32 S., 57 Farbfotos, Pappband. ●

FALKEN-FEINSCHMECKER
Zart schmelzende Versuchungen
Schokolade
(0819) Von J. Schroer, 48 S., 53 Farbfotos, Pappband. ●

Die hier vorgestellten Bücher, Videokassetten und Software sind in folgende Preisgruppen unterteilt:

● Preisgruppe bis DM 10,–/S 79,–
●● Preisgruppe über DM 10,– bis DM 20,– S 80,– bis S 160,–
●●● Preisgruppe über DM 20,– bis DM 30,– S 161,– bis S 240,–
●●●● Preisgruppe über DM 30,– bis DM 50,– S 241,– bis S 400,–
●●●●● Preisgruppe über DM 50,–/S 401,–
*(unverbindliche Preisempfehlung)

FALKEN VERLAG

Die Preise entsprechen dem Status beim Druck dieses

Köstlichkeiten für Gäste und Feste
Kalte Platten
(4200) Von I. Pfliegner, 160 S., 130 Farbfotos, Pappband. ●●●

Kochen für Gäste
Köstliche Menüs mit Liebe zubereitet. (5149) Von R. Wesseler, 64 S., 40 Farbfotos, Pappband. ●●

Das richtige Frühstück
Gesunde Vollwertkost vitaminreich und naturbelassen.
(0784) Von C. Kratzel und R. Böll, 32 S., 28 Farbfotos, Pappband. ●

Bocuse à la carte
Französisch kochen mit dem Meister. (4237) Von P. Bocuse, 88 S., 218 Farbfotos, Pappband. ●●

Kochschule mit Paul Bocuse
(6016/VHS, 6017/Video 2000, 6018/Beta), 60 Min. in Farbe. ●●●●●*

Natursammlers Kochbuch
Wildfrüchte und Gemüse, Pilze, Kräuter – finden und zubereiten. (4040) Von C. M. Kerler, 140 S., 12 Farbtafeln, kart. ●●

Cocktails
(4267) Von W. R. Hoffmann, W. Hubert, U. Lottring, 160 S., 164 Farbfotos, 1 s/w-Foto, Pappband. ●●●

Neue Cocktails und Drinks
mit und ohne Alkohol. (0517) Von S. Späth, 128 S., 4 Farbtafeln, kart., ●

Mixgetränke
mit und ohne Alkohol (5017) Von C. Arius, 64 S., 35 Farbfotos, Pappband. ●●

Cocktails und Mixereien
für häusliche Feste und Feiern. (0075) Von J. Walker, 96 S., 4 Farbtafeln, kart. ●

Die besten Punsche, Grogs und Bowlen
(0575) Von F. Dingden, 64 S., 2 Farbtafeln, kart. ●

Weine und Säfte, Liköre und Sekt
selbstgemacht. (0702) Von P. Arauner, 232 S., 76 Abb., kart. ●●

Mitbringsel aus meiner Küche
selbst gemacht und liebevoll verpackt. (0668) Von C. Schönherr, 32 S., 30 Farbfotos, Pappband. ●

Weinlexikon
Wissenswertes über die Weine der Welt. (4149) Von U. Keller, 228 S., 6 Farbtafeln, 395 s/w-Fotos, Pappband. ●●●

Heißgeliebter Tee
Sorten, Rezepte und Geschichten. (4114) Von C. Maronde, 153 S., 16 Farbtafeln, 93 Zeichnungen, Pappband. ●●●

Tee für Genießer.
Sorten · Riten · Rezepte. (0356) Von M. Nicolin, 64 S., 4 Farbtafeln, kart. ●

Tee
Herkunft · Mischungen · Rezepte. (0515) Von S. Ruske, 96 S., 4 Farbtafeln, 16 s/w Abbildungen, Pappband. ●

Kinder lernen spielend backen
(5110) Von M. Gutta, 64 S., 45 Farbfotos, Pappband. ●●

Kinder lernen spielend kochen
Lieblingsgerichte mit viel Spaß selbst zubereitet. (5096) Von M. Gutta, 64 S., 45 Farbfotos, Pappband. ●●

Komm, koch mit mir
Kunterbuntes Kochvergnügen für Kinder. (4285) Von S. und H. Theilig, Illustrationen von B. v. Hayek, 96 S., 48 Farbfotos, 350 Farb- und 1 s/w-Zeichnung, Pappband. ●●

Hobby

Aquarellmalerei
als Kunst und Hobby.
(4147) Von H. Haack und B. Wersche, 136 S., 62 Farbfotos, 119 Zeichnungen, gebunden ●●●●

Aquarellmalerei
Materialien · Techniken · Motive. (5099) Von T. Hinz, 64 S., 79 Farbfotos, Pappband. ●●

Hobby Aquarellmalen
Landschaft und Stilleben
(0876) Von I. Schade, A. Brück, 80 S., 111 Farbabbildungen, kart. ●●

Videokassette
Hobby Aquarellmalen
Landschaft und Stilleben (6022/VHS) ca. 40 Min., in Farbe. ●●●●*

Aquarellmalerei leicht gelernt
Materialien · Techniken · Motive. (0787) Von T. Hinz, R. Braun, B. Zeidler, 32 S., 38 Farbfotos, 1 Zeichnung. ●

Hobby Ölmalerei
Landschaft und Stilleben
(0875) Von H. Kämper, I. Becker, 80 S., 93 Farbabb., kart. ●●

Videokassette
Hobby Ölmalerei
Landschaft und Stilleben (6025/VHS) ca. 40 Min., in Farbe. ●●●●*

Falken-Handbuch
Zeichnen und Malen
(4167) Von B. Bagnall, 336 S., 1154 Farbabb., Pappband. ●●●●●

Naive Malerei
Materialien · Motive · Techniken (5083) Von F. Krettek, 64 S., 76 Farbfotos, Pappband. ●●

Bauernmalerei
als Kunst und Hobby. (4057) Von A. Gast und H. Stegmüller, 128 S., 239 Farbfotos, 26 Riß-Zeichnungen, Pappband. ●●●●

Hobby Bauernmalerei
(0436) Von S. Ramos und J. Roszak, 80 S., 116 Farbfotos und 28 Motivvorlagen, kart. ●●

Bauernmalerei
Kreatives Hobby nach alter Volkskunst (5039) Von S. Ramos, 64 S., 85 Farbfotos, Pappband. ●●

Glasmalerei
als Kunst und Hobby. (4088) Von F. Krettek und S. Beeh-Lustenberger, 132 S., 182 Farbfotos, 38 Motivvorlagen, Pappband. ●●●●

Naive Hinterglasmalerei
Materialien · Techniken · Bildvorlagen (5145) Von F. Krettek, 64 S., 87 Farbfotos, 6 Zeichnungen, Pappband. ●●

Kalligraphie
Die Kunst des schönen Schreibens (4263) Von C. Hartmann, 120 S., 44 Farbvorlagen, 29 s/w-Vorlagen, 2 s/w-Zeichnungen, 38 Farbfotos, Pappband. ●●●●

Seidenmalerei als Kunst und Hobby
(4264) Von S. Hahn, 136 S., 256 Farbfotos, 1 s/w-Foto, 34 Farbzeichnungen, Pappband. ●●●●

Kunstvolle Seidenmalerei
Mit zauberhaften Ideen zum Nachgestalten. (0783) Von I. Demharter, 32 S., 56 Farbfotos, Pappband. ●

Zauberhafte Seidenmalerei
Materialien · Techniken · Gestaltungsvorschläge. (0664) Von E. Dorn, 32 S., 62 Farbfotos, Pappband. ●

Hobby Seidenmalerei
(0611) Von R. Henge, 88 S., 106 Farbfotos, 28 Zeichnungen, kart. ●●

Hobby Stoffdruck und Stoffmalerei
(0555) Von A. Ursin, 80 S., 68 Farbfotos, 68 Zeichnungen, kart. ●●

Stoffmalerei und Stoffdruck
Materialien · Techniken · Ideen · Modelle (5074) Von H. Gehring, 64 S., 110 Farbfotos, Pappband. ●●

Batik
leicht gemacht. Materialien · Färbetechniken · Gestaltungsideen. (5112) Von A. Gast, 64 S., 105 Farbfotos, Pappband. ●●

Textilfärben
Färben so einfach wie Waschen. (0693) Von W. Siegrist, P. Schärli, 32 S., 47 Farbfotos, 3 Zeichnungen, Spiralbindung. ●

Kreatives Bilderweben
Materialien – Vorlagen – Motive (0814) Von A. Schulte-Huxel, 32 S., 58 Farbfotos, 8 Zeichnungen, Pappband. ●

Flechten
mit Bast, Stroh und Peddigrohr. (5098) Von H. Hangloiter, 64 S., 47 Farbfotos, 76 Zeichnungen, Pappband. ●●

Makramee
Knüpfarbeiten leicht gemacht. (5075) Von B. Pröttel, 64 S., 95 Farbfotos, Pappband. ●●

Falken-Handbuch
Häkeln
ABC der Häkeltechniken und Häkelmuster in ausführlichen Schritt-für-Schritt-Bildfolgen.
(4194) Von H. Fuchs, M. Natter, 288 S., 597 Farbfotos, 476 farbige Zeichnungen. Pappband. ●●●●

Häkeln
Schritt für Schritt für Rechts- und Linkshänder. (5134) Von H. Klaus, 64 S., 120 Farbfotos, 144 Zeichnungen, Pappband. ●●

Klöppeln
Schritt für Schritt leicht gelernt. (0788) Von U. Seiffer, 32 S., 42 Farb-, 1 s/w-Foto, 25 Zeichnungen, mit Klöppelbriefen, Pappband. ●

Sticken
Schritt für Schritt für Rechts- und Linkshänder. (5135) Von U. Werner, 64 S., 196 Farbfotos, 96 Zeichnungen, Pappband. ●●

Die hier vorgestellten Bücher, Videokassetten und Software sind in folgende Preisgruppen unterteilt:

● Preisgruppe bis DM 10,–/S 79,–
●● Preisgruppe über DM 10,– bis DM 20,– S 80,– bis S 160,–
●●● Preisgruppe über DM 20,– bis DM 30,– S 161,– bis S 240,–
●●●● Preisgruppe über DM 30,– bis DM 50,– S 241,– bis S 400,–
●●●●● Preisgruppe über DM 50,–/S 401,–
*(unverbindliche Preisempfehlung)

FALKEN VERLAG

Die Preise entsprechen dem Status beim Druck dieses

Schöne Sachen modellieren
Originelles aus Cernit – ideenreich gestaltet. (0762) Von G. Thelen, 32 S., 105 Farbfotos, Pappband. ●

Porzellanpuppen
Zauberhafte alte Puppen selbst nachbilden. (5138) Von C. A. und D. Stanton, 64 S., 58 Farbfotos, 22 Zeichnungen, Pappband. ●●

Zauberhafte alte Puppen
Sammeln · Restaurieren · Nachbilden (4255) Von C. A. Stanton, J. Jacobs, 120 S., 157 Farbfotos, 24 Zeichnungen, Pappband. ●●●●

Marionetten
entwerfen · gestalten · führen (5118) Von A. Krause und A. Bayer, 64 S., 83 Farbfotos, 2 s/w-Fotos, 40 Zeichnungen, Pappband. ●●

Stoffpuppen
Liebenswerte Modelle selbermachen. (5150) Von I. Wolff, 56 S., 115 Farbfotos, 15 Zeichnungen, mit Schnittmusterbogen, Pappband. ●●

Hobby Puppen
Bezaubernde Modelle selbst gestalten. (0742) Von B. Wenzelburger, 88 S., 163 Farbfotos, 41 Zeichnungen, 11 Schnittmuster, kart. ●●

Puppen und Figuren aus Kunstporzellan
gießen, bemalen und gestalten. (0735) Von G. Baumgarten, 32 S., 86 Farbfotos, Pappband. ●

Selbstgestrickte Puppen
Materialien und Arbeitsanleitungen. (0638) Von B. Wehrle, 32 S., 23 Farbfotos, 24 Zeichnungen, Pappband. ●

Dekorative Rupfenpuppen
Arbeitsanleitungen und Gestaltungsvorschläge. (0733) Von B. Wenzelburger, 32 S., 57 Farbfotos, 14 Zeichnungen, Spiralbindung. ●

Phantasiepuppen stricken und häkeln
Märchenhafte Modelle mit Arbeitsanleitungen. (0813) Von B. Wehrle, 32 S., 26 Farbfotos, 30 einfarbige und 16 dreifarbige Zeichnungen, Pappband. ●

Schritt für Schritt zum Scherenschnitt
Materialien · Techniken · Gestaltungsvorschläge. (0732) Von H. Klingmüller, 32 S., 38 Farbfotos, 34 Vorlagen, Pappband. ●

Garagentore selbst bemalt
Techniken und Motive. (0786) Von H. u. Y. Nadolny, 32 S., 24 Farbfotos, 12 s/w-Zeichnungen, Pappband. ●

Alle Jahre wieder...
Advent und Weihnachten
Basteln – Backen – Schmücken – Singen – Vorlesen – Feiern
(4260) Von H. und Y. Nadolny, 256 S., 105 Farbfotos, 130 Zeichnungen, Pappband. ●●●

Freizeit

Aktfotografie
Interpretationen zu einem unerschöpflichen Thema.
Gestaltung · Technik · Spezialeffekte. (0737) Von H. Wedewardt, 88 S., 144 Farb- und 6 s/w-Fotos, 6 Zeichnungen, kart. ●●

Videokassette Aktfotografie
Laufzeit ca. 60 Min. In Farbe. (6001/VHS, 6002/Video 2000, 6003/Beta) ●●●●●*

So macht man bessere Fotos
Das meistverkaufte Fotobuch der Welt. (0614) Von M. L. Taylor, 192 S., 457 Farbfotos, 15 Abb., kart. ●●

Falken-Handbuch **Trickfilmen**
Flach-, Sach- und Zeichentrickfilme – von der Idee zur Ausführung. (4131) Von H.-D. Wilden, 144 S., über 430 überwiegend farbige Abb., Pappband. ●●●●

Schmalfilmen
Ausrüstung · Aufnahmepraxis · Schnitt Ton. (0342) Von U. Ney, 108 S., 4 Farbtafeln, 25 s/w-Fotos, kart. ●

Schmalfilme selbst vertonen
(0593) Von U. Ney, 96 S., 57 s/w-Fotos, 14 Zeichnungen, kart. ●

Fotografie – Das Schöne als Ziel
Zur Ästhetik und Psychologie der visuellen Wahrnehmung. (4122) Von E. Stark, 208 S., 252 Farbfotos, 63 Zeichnungen, Ganzleinen. ●●●●●

Videografieren
Filmen mit Video 8
Technik – Bildgestaltung – Schnitt – Vertonnung. (0843) Von M. Wild und K. Möller, 120 S., 101 Farbfotos, 22 s/w-Fotos, 52 Zeichnungen, kart. ●●

Videokassette
Videografieren
Filmen mit Video 8
Technik – Bildgestaltung – Schnitt – Vertonung. (6031) VHS, (6033) Beta, (6034) Sony 8 mm, von M. Wild, 60 Min., in Farbe. ●●●●●*

Ferngelenkte Motorflugmodelle
bauen und fliegen. (0400) Von W. Thies, 184 S., mit Zeichnungen und Detailplänen, kart. ●●

Flugmodelle
bauen und einfliegen. (0361) Von W. Thies und W. Rolf, 160 S., 63 Abb., 7 Faltpläne, kart. ●●

Kleine Welt auf Rädern
Das faszinierende Spiel mit **Modelleisenbahnen** (4175) Von F. Eisen, 256 S., 72 Farb- und 180 s/w-Fotos, 25 Zeichnungen, Pappband. ●●●

Modelleisenbahnen im Freien
Mit Volldampf durch den Garten. (4245) Von F. Eisen, 96 S., 115 Farb-, 4 s/w-Fotos, 5 Zeichnungen, Pappband. ●●●

Videokassette
Die Modelleisenbahn
Anlagenbau in Modultechnik.
Neue kreative Gestaltung.
Neue raffinierte Techniken.
(6028) VHS, (6029) Video 2000, (6030) Beta, von J. Grahn, 30 Min., in Farbe. ●●●●*

Raketen auf Rädern
Autos und Motorräder an der Schallgrenze (4220) Von H. G. Isenberg, 96 S., 112 Farbfotos, 21 s/w-Fotos, Pappband. ●●●

Die rasantesten Rallyes der Welt
(4213) Von H. G. Isenberg und D. Maxeiner, 96 S., 116 Farbfotos, Pappband. ●●●

Trucks
Giganten der Landstraßen in aller Welt. (4222) Von H. G. Isenberg, 96 S., 131 Farbfotos, Pappband. ●●●

Die Super-Trucks der Welt
(4257) Von H. G. Isenberg, 194 S., 205 Farbfotos, 87 s/w-Fotos, 7 Farbzeichnungen, 4 Ausklapptafeln, Pappband. ●●●●

Ferngelenkte Elektromodelle
bauen und fliegen. (0700) Von W. Thies, 144 S., 52 s/w-Fotos, 50 Zeichnungen, kart. ●●

Schiffsmodelle
selber bauen. (0500) Von D. und R. Lochner, 200 S., 93 Zeichnungen, 2 Faltpläne, kart. ●●

Dampflokomotiven
(4204) Von W. Jopp, 96 S., 134 Farbfotos, Pappband. ●●●

Ferngelenkte Segelflugmodelle
bauen und fliegen. (0446) Von W. Thies, 176 S., 22 s/w-Fotos, 115 Zeichnungen, kart. ●●

Die schnellsten Motorräder der Welt
(4206) Von H. G. Isenberg und D. Maxeiner, 96 S., 100 Farbfotos, Pappband. ●●●

Motorrad-Hits
Chopper, Tribikes, Heiße Öfen. (4221) Von H. G. Isenberg, 96 S., 119 Farbfotos, Pappband. ●●●

Die Super-Motorräder der Welt
(4193) Von H. G. Isenberg, 192 S., 170 Farb- und 100 s/w-Fotos, 8 Zeichnungen, Pappband. ●●●●

Motorrad-Faszination
Heiße Öfen, von denen jeder träumt. (4223) Von H. G. Isenberg, 96 S., 103 Farb- und 20 s/w-Fotos, Pappband. ●●●

Münzen
Ein Brevier für Sammler. (0353) Von E. Dehnke, 128 S., 4 Farbtafeln, 17 s/w-Abb., kart. ●●

Astronomie als Hobby
Sternbilder und Planeten erkennen und benennen. (0572) Von D. Block, 176 S., 16 Farbtafeln, 49 s/w-Fotos, 93 Zeichnungen, kart. ●●

Astronomie im Bild
Unser Sternenhimmel rund ums Jahr
(0849) Von Dr. E. Übelacker, 88 S., 48 Farbfotos, 1 s/w-Foto, 68 Farbzeichnungen, kart. ●●

Gitarre spielen
Ein Grundkurs für den Selbstunterricht. (0534) Von A. Roßmann, 96 S., 1 Schallfolie, 150 Zeichnungen, kart. ●●●

Falken-Handbuch **Zaubern**
Über 400 verblüffende Tricks. (4063) Von F. Stutz, 368 S., 1200 Zeichnungen, Pappband. ●●●●

Zaubertricks für jedermann
(0282) Von J. Merlin, 176 S., 113 Abb., kart. ●●

Die hier vorgestellten Bücher, Videokassetten und Software sind in folgende Preisgruppen unterteilt:

● Preisgruppe bis DM 10,–/S 79,–
●● Preisgruppe über DM 10,– bis DM 20,– S 80,– bis S 160,–
●●● Preisgruppe über DM 20,– bis DM 30,– S 161,– bis S 240,–
●●●● Preisgruppe über DM 30,– bis DM 50,– S 241,– bis S 400,–
●●●●● Preisgruppe über DM 50,–/S 401,–
*(unverbindliche Preisempfehlung)

FALKEN VERLAG

Zaubern
einfach – aber verblüffend. (2018) Von D. Buoch, 84 S., 41 Zeichnungen, kart. ●

Magische Zaubereien
(0672) Von W. Widenmann, 64 S., 31 Zeichnungen, kart. ●

Mit vollem Genuß
Pfeife rauchen
Alles über Tabaksorten, Pfeifen und Zubehör. (4227) Von H. Behrens, H. Frickert, 168 S., 127 Farbfotos, 18 Zeichnungen, Pappband. ●●●●

Mineralien, Steine und Fossilien
Grundkenntnisse für Hobby-Sammler. (0437) Von D. Stobbe, 96 S., 16 Farbtafeln, 14 s/w-Fotos, 10 Zeichnungen, kart. ●

Freizeit mit dem Mikroskop
(0291) Von M. Deckart, 132 S., 8 Farbtafeln, 64 s/w Abb., 2 Zeichnungen, kart. ●

Briefmarken
sammeln für Anfänger. (0481) Von D. Stein, 120 S., 4 Farbtafeln, 98 s/w-Abb., kart. ●

Wir lernen tanzen
Standard- und lateinamerikanische Tänze. (0200) Von E. Fern, 168 S., 118 s/w-Fotos, 47 Zeichnungen, kart. ●

Tanzstunde
Das Welttanzprogramm · Party-Tanzstunde. (5018) Von G. Hädrich, 172 S., 443 s/w-Fotos, 140 Zeichnungen, Pappband. ●●

So tanzt man Rock'n'Roll
Grundschritte · Figuren · Akrobatik. (0573) Von W. Steuer und G. Marz, 224 S., 303 Abb., kart. ●●

Tanzen überall
Discofox, Rock'n'Roll, Blues, Langsamer Walzer, Cha-Cha-Cha zum Selberlernen. (0760) Von H. M. Pritzer, 112 S., 128 Farbfotos, kart. ●●

Videokassette **Tanzen überall**
Discofox, Rock'n'Roll, Blues. (6004/VHS, 6005/Video 2000, 6006/Beta) Von H. M. Pritzer, G. Steinheimer, in Farbe, ca. 45 Min. ●●●●●*

Schwarzwald-Romantik
Vom Zauber einer deutschen Landschaft. (4232) Hrsg. A. Rolf, 184 S., 273 Farbfotos, Pappband. ●●●

Sport

Judo
Grundlagen des Stand- und Bodenkampfes. (4013) Von W. Hofmann, 244 S., 589 Fotos, Pappband. ●●●

Neue Lehrmethoden der Judo-Praxis
(0424) Von P. Herrmann, 223 S., 475 Abb., kart. ●●

Judo
Grundlagen – Methodik. (0305) Von M. Ohgo, 208 S., 1025 Fotos, kart. ●●

Fußwürfe
für Judo, Karate und Selbstverteidigung. (0439) Von H. Nishioka, 96 S., 260 Abb., kart. ●

Karate für alle
Karate-Selbstverteidigung in Bildern. (0314) Von A. Pflüger, 112 S., 356 s/w-Fotos, kart. ●

Karate für Frauen und Mädchen
Sport und Selbstverteidigung. (0425) Von A. Pflüger, 168 S., 259 s/w-Fotos, kart. ●●

Nakayamas Karate perfekt 1
Einführung. (0487) Von M. Nakayama, 136 S., 605 s/w-Fotos, kart. ●●

Nakayamas Karate perfekt 2
Grundtechniken. (0512) Von M. Nakayama, 136 S., 354 s/w-Fotos, 53 Zeichnungen, kart. ●●

Nakayamas Karate perfekt 3
Kumite 1: Kampfübungen. (0538) Von M. Nakayama, 128 S., 424 s/w-Fotos, kart. ●●

Nakayamas Karate perfekt 4
Kumite 2: Kampfübungen. (0547) Von M. Nakayama, 128 S., 394 s/w-Fotos, kart. ●●

Nakayamas Karate perfekt 5
Kata 1: Heian, Tekki. (0571) Von M. Nakayama, 144 S., 1229 s/w-Fotos, kart. ●●

Nakayamas Karate perfekt 6
Kata 2: Bassai-Dai, Kanku-Dai, (0600) Von M. Nakayama, 144 S., 1300 s/w-Fotos, 107 Zeichnungen, kart. ●●

Nakayamas Karate perfekt 7
Kata 3: Jitte, Hangetsu, Empi. (0618) Von M. Nakayama, 144 S., 1988 s/w-Fotos, 105 Zeichnungen, kart. ●●

Nakayamas Karate perfekt 8
Gankaku, Jion. (0650) Von M. Nakayama, 144 S., 1174 s/w-Fotos, 99 Zeichnungen, kart. ●●

Kontakt-Karate
Ausrüstung · Technik · Training. (0396) Von A. Pflüger, 112 S., 238 s/w-Fotos, kart. ●●

Karate-Do
Das Handbuch des modernen Karate. (4028) Von A. Pflüger, 360 S., 1159 Abb., Pappband. ●●●●

Bo-Karate
Kukishin-Ryu – die Techniken des Stockkampfes. ((0447) Von G. Stiebler, 176 S., 424 s/w-Fotos, 38 Zeichnungen, kart. ●●

Karate I
Einführung · Grundtechniken. (0227) Von A. Pflüger, 148 S., 195 s/w-Fotos, 120 Zeichnungen, kart. ●

Karate II
Kombinationstechniken · Katas. (0239) Von A. Pflüger, 176 S., 452 s/w-Fotos und Zeichnungen, kart. ●

Karate Kata 1
Heian 1-5, Tekki 1, Bassai Dai. (0683) Von W.-D. Wichmann, 164 S., 703 s/w-Fotos, kart. ●●

Karate Kata 2
Jion, Empi, Kanku-Dai, Hangetsu. (0723) Von W.-D. Wichmann, 140 S., 661 s/w Fotos, 4 Zeichnungen, kart. ●●

25 Shotokan-Katas
Auf einen Blick: Karate-Katas für Prüfungen und Wettkämpfe (0859) Von A. Pflüger, 88 S., 185 s/w-Abbildungen, 26 ganzseitige Tafeln mit über 1.600 Einzelschritten, kart. ●●

Ninja 1
Die Lehre der Schattenkämpfer. (0758) Von S. K. Hayes, 144 S., 137 s/w-Fotos, kart. ●●

Ninja 2
Die Wege zum Shoshin (0763) Von S. K. Hayes, 160 S., 309 s/w-Fotos, kart. ●●

Ninja 3
Der Pfad des Togakure-Kämpfers. (0764) Von S. K. Hayes, 144 S., 197 s/w-Fotos, 2 Zeichnungen, kart. ●●

Ninja 4
Das Vermächtnis der Schattenkämpfer. (0807) Von S. K. Hayes, 196 S., 466 s/w-Fotos, kart. ●●

Der König des Kung-Fu
Bruce Lee
Sein Leben und Kampf. (0392) Von seiner Frau Linda. 136 S., 104 s/w-Fotos, kart. ●●

Bruce Lees Kampfstil 1
Grundtechniken. (0473) Von B. Lee und M. Uyehara, 109 S., 220 Abb., kart. ●

Bruce Lees Kampfstil 2
Selbstverteidigungs-Techniken. (0486) Von B. Lee und M. Uyehara, 128 S., 310 Abb., kart. ●

Bruce Lees Kampfstil 3
Trainingslehre. (0503) Von B. Lee und M. Uyehara, 112 S., 246 Abb., kart. ●

Bruce Lees Kampfstil 4
Kampftechniken. (0523) Von B. Lee und M. Uyehara, 104 S., 211 Abb., kart. ●

Bruce Lees Jeet Kune Do
(0440) Von B. Lee, 192 S., mit 105 eigenhändigen Zeichnungen von B. Lee, kart. ●●

Ju-Jutsu 1
Grundtechniken – Moderne Selbstverteidigung. (0276) Von W. Heim und F. J. Gresch, 160 S., 460 s/w-Fotos, 8 Zeichnungen, kart. ●

Ju-Jutsu 2
für Fortgeschrittene und Meister. (0378) Von W. Heim und F. J. Gresch, 164 S., 798 s/w-Fotos, kart. ●●

Ju-Jutsu 3
Spezial-, Gegen- und Weiterführungs-Techniken. (0485) Von W. Heim und F. J. Gresch, 214 S., über 600 s/w-Fotos, kart. ●●

Ju-Jutsu als Wettkampf
(0826) Von G. Kulot, 168 S., 418 s/w-Fotos, 2 Zeichnungen, kart. ●●

Nunchaku
Waffe · Sport · Selbstverteidigung. (0373) Von A. Pflüger, 144 S., 247 Abb., kart. ●●

Shuriken · Tonfa · Sai
Stockfechten und andere bewaffnete Kampfsportarten aus Fernost. (0397) Von A. Schulz, 96 S., 253 s/w-Fotos, kart. ●●

Die hier vorgestellten Bücher, Videokassetten und Software sind in folgende Preisgruppen unterteilt:

● Preisgruppe bis DM 10,–/S 79,–
●● Preisgruppe über DM 10,– bis DM 20,– S 80,– bis S 160,–
●●● Preisgruppe über DM 20,– bis DM 30,– S 161,– bis S 240,–
●●●● Preisgruppe über DM 30,– bis DM 50,– S 241,– bis S 400,–
●●●●● Preisgruppe über DM 50,–/S 401,–
*(unverbindliche Preisempfehlung)

FALKEN VERLAG

Die Preise entsprechen dem Status beim Druck dieses

Illustriertes Handbuch des Taekwondo
Koreanische Kampfkunst und Selbstverteidigung. (4053) Von K. Gil, 248 S., 1026 Abb., Pappband. ●●●

Taekwon-Do
Koreanischer Kampfsport. (0347) Von K. Gil, 152 S., 408 Abb., kart. ●●

Aikido
Lehren und Techniken des harmonischen Weges. (0537) Von R. Brand, 280 S., 697 Abb., kart. ●●

Kung-Fu und Tai-Chi
Grundlagen und Bewegungsabläufe. (0367) Von B. Tegner, 182 S., 370 s/w-Fotos, kart. ●●

Kung-Fu
Theorie und Praxis klassischer und moderner Stile. (0376) Von M. Pabst, 160 S., 330 Abb., kart. ●●

Shaolin-Kempo – Kung-Fu
Chinesisches Karate im Drachenstil. (0395) Von R. Czerni und K. Konrad. 246 S., 723 Abb., kart. ●●

Hap Ki Do
Grundlagen und Techniken koreanischer Selbstverteidigung. (0379) Von Kim Sou Bong, 112 S., 153 Abb., kart. ●●

Dynamische Tritte
Grundlagen für den Zweikampf. (0438) Von C. Lee, 96 S., 398 s/w-Fotos, 10 Zeichnungen, kart. ●

Kickboxen
Fitneßtraining und Wettkampfsport. (0795) Von G. Lemmens, 96 S., 208 s/w-Fotos, 23 Zeichnungen, kart. ●●

Selbstverteidigung
Abwehrtechniken für Sie und Ihn (0853) Von E. Deser, 96 S., 259 s/w-Fotos, kart. ●

Muskeltraining mit Hanteln
Leistungssteigerung für Sport und Fitness. (0676) Von H. Schulz, 108 S., 92 s/w-Fotos, 2 Zeichnungen, kart. ●

Leistungsfähiger durch Krafttraining
Eine Anleitung für Fitness-Sportler, Trainer und Athleten (0617) Von W. Kieser, 100 S., 20 s/w-Fotos, 62 Zeichnungen, kart. ●

Die Faszination athletischer Körper
Bodybuilding
mit Weltmeister Ralf Möller (4281) Von R. Möller, 128 S., 169 Farbfotos, 14 s/w-Fotos, 1 Farbzeichnung, Pappband. ●●●●

Bodybuilding
Anleitung zum Muskel- und Konditionstraining für sie und ihn. (0604) Von R. Smolana. 160 S., 171 s/w-Fotos, kart. ●

Hanteltraining zu Hause
(0800) Von W. Kieser, 80 S., 71 s/w-Fotos, 4 Zeichnungen, kart. ●

Fit und gesund
Körpertraining und Bodybuilding zu Hause. (0782) Von H. Schulz, 80 S., 100 Farbfotos, 3 Zeichnungen, kart. ●●

Videokassette:
Fit und gesund
VHS (6013), Video 2000 (6014), Beta (6015), Laufzeit 30 Minuten, in Farbe. ●●●●*

Bodybuilding für Frauen
Wege zu Ihrer Idealfigur (0661) Von H. Schulz, 108 S., 84 s/w-Fotos, 4 Zeichnungen, kart. ●●

Isometrisches Training
Übungen für Muskelkraft und Entspannung. (0529) Von L. M. Kirsch, 140 S., 162 s/w-Fotos, kart. ●

Spaß am Laufen
Jogging für die Gesundheit. (0470) Von W. Sonntag, 140 S., 41 s/w-Fotos, 1 Zeichnung, kart. ●

Mein bester Freund, der Fußball
(5107) Von D. Brüggemann und D. Albrecht, 144 S., 171 Abb., kart. ●●

Fußball
Training und Wettkampf. (0448) Von H. Obermann und P. Walz, 166 S., 92 s/w-Fotos, 15 Zeichnungen, 29 Diagramme, kart. ●●

Handball
Technik · Taktik · Regeln. (0426) Von F. und P. Hattig, 128 S., 91 s/w-Fotos, 121 Zeichnungen, kart. ●●

Volleyball
Technik · Taktik · Regeln. (0351) Von H. Huhle, 104 S., 330 Abb., kart. ●

Basketball
Technik und Übungen für Schule und Verein. (0279) Von C. Kyriasoglou, 116 S., mit 252 Übungen zur Basketballtechnik, 186 s/w-Fotos und 164 Zeichnungen, kart. ●●

Hockey
Technische und taktische Grundlagen. (0398) Von H. Wein, 152 S., 60 s/w-Fotos, 30 Zeichnungen, kart. ●●

Eishockey
Lauf- und Stocktechnik, Körperspiel, Taktik, Ausrüstung und Regeln, (0414) Von J. Čapla, 264 S., 548 s/w-Fotos, 163 Zeichnungen, kart. ●●

Badminton
Technik · Taktik · Training. (0699) Von K. Fuchs, L. Sologub, 168 S., 51 Abb., kart., ●●

Golf
Ausrüstung · Technik · Regeln. (0343) Von J. C. Jessop, übersetzt von H. Biemer, mit einem Vorwort von H. Krings, Präsident des Deutschen Golf-Verbandes, 160 S., 65 Abb., Anhang Golfregeln des DGV, kart. ●●

Pool-Billard
(0484) Herausgegeben vom Deutschen Pool-Billard-Bund, von M. Bach und K.-W. Kühn, 88 S., mit über 80 Abb., kart. ●

Sportschießen
für jedermann. (0502) Von A. Kovacic, 124 S., 116 s/w-Fotos, kart. ●●

Fechten
Florett · Degen · Säbel. (0449) Von E. Beck, 88 S., 219 Fotos und Zeichnungen, kart. ●●

Fibel für Kegelfreunde
Sport- und Freizeitkegeln · Bowling. (0191) Von G. Bocsai, 72 S., 62 Abb., kart. ●

Beliebte und neue Kegelspiele
(0271) Von G. Bocsai, 92 S., 62 Abb., kart. ●

111 spannende Kegelspiele
(2031) Von H. Regulski, 88 S., 53 Zeichnungen, kart., ●

Ski-Gymnastik
Fit für Piste und Loipe. (0450) Von H. Pilss-Samek, 104 S., 67 s/w-Fotos, 20 Zeichnungen, kart. ●

Die neue Skischule
Ausrüstung · Technik · Trickskilauf · Gymnastik. (0369) Von C. und R. Kerler, 128 S., 100 Abb., kart. ●

Skilanglauf, Skiwandern
Ausrüstung · Techniken · Skigymnastik. (5129) Von T. Reiter und R. Kerler, 80 S., 8 Farbtafeln, 85 Zeichnungen und s/w-Fotos, kart. ●●

Alpiner Skisport
Ausrüstung · Techniken · Skigymnastik (5130) Von K. Meßmann, 128 S., 8 Farbtafeln, 93 s/w-Fotos, 45 Zeichnungen, kart. ●●

Die neue Tennis-Praxis
Der individuelle Weg zu erfolgreichem Spiel. (4097) Von R. Schönborn, 240 S., 202 Farbzeichnungen, 31 s/w-Abb., Pappband. ●●●●

Erfolgreiche Tennis-Taktik
(4086) Von R. Ford Greene, übersetzt von M. R. Fischer, 182 S., 87 Abb., kart. ●●

Moderne Tennistechnik
(4187) Von G. Lam, 192 S., 339 s/w-Fotos, 91 Zeichnungen, kart. ●●●

Tennis kompakt
Der erfolgreiche Weg zu Spiel, Satz und Sieg. (5116) Von W. Taferner, 128 S., 82 s/w-Fotos, 67 Zeichnungen, kart. ●●

Tennis
Technik · Taktik · Regeln. (0375) Von H. Elschenbroich, 112 S., 81 Abb., kart. ●

Tischtennis-Technik
Der individuelle Weg zu erfolgreichem Spiel. (0775) Von M. Perger, 144 S., 296 Abb. kart. ●●

Squash
Ausrüstung · Technik · Regeln. (0539) Von D. von Horn und H.-D. Stünitz, 96 S., 55 s/w-Fotos, 25 Zeichnungen, kart. ●

Sporttauchen
Theorie und Praxis des Gerätetauchens. (0647) Von S. Müßig, 144 S., 8 Farbtafeln, 35 s/w-Fotos, 89 Zeichnungen, kart., ●●

Windsurfing
Lehrbuch für Grundschein und Praxis. (5028) Von C. Schmidt, 64 S., 60 Farbfotos, Pappband. ●●

Segeln
Der neue Grundschein – Vorstufe zum A-Schein – Mit Prüfungsfragen. (5147) Von C. Schmidt, 80 S., 8 Farbtafeln, 18 Farbfotos, 82 Zeichnungen, kart., ●●

Sportfischen
Fische – Geräte – Technik. (0324) Von H. Oppel, 144 S., 49 s/w-Fotos, 8 Farbtafeln, kart. ●

Falken-Handbuch
Angeln
in Binnengewässern und im Meer. (4090) Von H. Oppel, 344 S., 24 Farbtafeln, 66 s/w-Fotos, 151 Zeichnungen, gebunden. ●●●●

Die hier vorgestellten Bücher, Videokassetten und Software sind in folgende Preisgruppen unterteilt:

● Preisgruppe bis DM 10,–/S 79,–
●● Preisgruppe über DM 10,– bis DM 20,– S 80,– bis S 160,–
●●● Preisgruppe über DM 20,– bis DM 30,– S 161,– bis S 240,–
●●●● Preisgruppe über DM 30,– bis DM 50,– S 241,– bis S 400,–
●●●●● Preisgruppe über DM 50,–/S 401,–
*(unverbindliche Preisempfehlung)

FALKEN VERLAG

Angeln
Kleine Fibel für den Sportfischer. (0198) Von E. Bondick, 96 S., 116 Abb., kart. ●

Einführung in das Schachspiel
(0104) Von W. Wollenschläger und K. Colditz, 92 S., 116 Diagramme, kart. ●

Schach mit dem Computer
(0747) Von D. Frickenschmidt, 140 S., 112 Diagramme, 29 s/w-Fotos, 5 Zeichnungen, kart. ●●

Spielend Schach lernen
(2002) Von T. Schuster, 128 S., kart. ●

Kinder- und Jugendschach
Offizielles Lehrbuch des Deutschen Schachbundes zur Erringung der Bauern-, Turm- und Königsdiplome. (0561) Von B. J. Withuis und H. Pfleger, 144 S., 220 Zeichnungen u. Diagramme, kart. ●●

Neue Schacheröffnungen
(0478) Von T. Schuster, 108 S., 100 Diagramme, kart. ●

Schach für Fortgeschrittene
Taktik und Probleme des Schachspiels. (0219) Von R. Teschner, 96 S., 85 Diagramme, kart. ●

Taktische Schachendspiele
(0752) Von J. Nunn, 200 S., 151 Diagramme, kart. ●●

Schach-WM '85 Karpow – Kasparow.
Mit ausführlichen Kommentaren zu allen Partien. (0785) Von H. Pfleger, O. Borik, M. Kipp-Thomas, 128 S., zahlreiche Abb. und Diagramme, kart. ●●

Die Schach-Revanche
Kasparow/Karpow 1986. (0831) Von O. Borik, H. Pfleger, M. Kipp-Thomas, 144 S., 19 s/w-Fotos, 72 Diagramme, kart. ●●

Schachstrategie
Ein Intensivkurs mit Übungen und ausführlichen Lösungen. (0584) Von A. Koblenz, dt. Bearb. von K. Colditz, 212 S., 240 Diagramme, kart. ●●

Falken-Handbuch **Schach**
(4051) Von T. Schuster, 360 S., über 340 Diagramme, gebunden. ●●●●

Die besten Partien deutscher Schachgroßmeister
(4121) Von H. Pfleger, 192 S., 29 s/w-Fotos, 89 Diagramme, Pappband. ●●●

Turnier der Schachgroßmeister '83
Karpow · Hort · Browne · Miles · Chandler · Garcia · Rogers · Kindermann. (0718) Von H. Pfleger, E. Kurz, 176 S., 29 s/w-Fotos, 71 Diagramme, kart. ●●

Lehr-, Übungs- und Testbuch der Schachkombinationen
(0649) Von K. Colditz, 184 S., 227 Diagramme, kart. ●●

Offizielles Lehrbuch des Deutschen Schachbundes
Das systematische Schachtraining
Trainingsmethoden, Strategien und Kombinationen. (0857) Von Sergiu Samarian, 152 S., 159 Diagramme, 1 Zeichnung, kart. ●●

Zug um Zug
Schach für jedermann 1
Offizielles Lehrbuch des Deutschen Schachbundes zur Erringung des Bauerndiploms. (0648) Von H. Pfleger und E. Kurz, 80 S., 24 s/w-Fotos, 8 Zeichnungen, 60 Diagramme, kart. ●

Zug um Zug
Schach für jedermann 2
Offizielles Lehrbuch des Deutschen Schachbundes zur Erringung des Turmdiploms. (0659) Von H. Pfleger und E. Kurz, 132 S., 8 s/w-Fotos, 14 Zeichnungen, 78 Diagramme, kart. ●

Zug um Zug
Schach für jedermann 3
Offizielles Lehrbuch des Deutschen Schachbundes zur Erringung des Königdiploms. (0728) Von H. Pfleger, G. Treppner, 128 S., 4 s/w-Fotos, 84 Diagramme, 10 Zeichnungen, kart. ●

Schachtraining mit den Großmeistern
(0670) Von H. Bouwmeester, 128 S., 90 Diagramme, kart. ●●

Schach als Kampf
Meine Spiele und mein Weg. (0729) Von G. Kasparow, 144 S., 95 Diagramme, 9 s/w-Fotos, kart. ●●

Helmut Pflegers
Schachkabinett
Amüsante Aufgaben – überraschende Lösungen. (0877) Von H. Pfleger, 160 S., 118 Diagramme, kart. ●●

Spiele, Denksport, Unterhaltung

Kartenspiele
(2001) Von C. D. Grupp, 144 S., kart. ●

Neues Buch der siebzehn und vier Kartenspiele
(0095) Von K. Lichtwitz, 96 S., kart. ●

Alles über Pokern
Regeln und Tricks. (2024) Von C. D. Grupp, 120 S., 29 Kartenbilder, kart. ●

Rommé und Canasta
in allen Variationen. (2025) Von C. D. Grupp, 124 S., 24 Zeichnungen, kart., ●

Schafkopf, Doppelkopf, Binokel, Cego, Gaigel, Jaß, Tarock und andere „Lokalspiele".
(2015) Von C. D. Grupp, 152 S., kart. ●●

Spielend Skat lernen
unter freundlicher Mitarbeit des Deutschen Skatverbandes. (2005) Von Th. Krüger, 156 S., 181 s/w-Fotos, 22 Zeichnungen, kart. ●

Das Skatspiel
Eine Fibel für Anfänger. (0206) Von K. Lehnhoff, überarb. von P. A. Höfges, 96 S., kart. ●

Black Jack
Regeln und Strategien des Kasinospiels. (2032) Von K. Kelbratowski, 88 S., kart. ●

Falken-Handbuch **Patiencen**
Die 111 interessantesten Auslagen. (4151) Von U. v. Lyncker, 216 S., 108 Abbildungen, Pappband. ●●●

Patiencen
in Wort und Bild. (2003) Von I. Wolter, 136 S., kart. ●

Falken-Handbuch **Bridge**
Von den Grundregeln zum Turnierspiel. (4092) Von W. Voigt und K. Ritz, 276 S., 792 Zeichnungen, gebunden. ●●●●

Spielend Bridge lernen
(2012) Von J. Weiss, 108 S., 58 Zeichnungen, kart. ●

Spieltechnik im Bridge
(2004) Von V. Mollo und N. Gardener, deutsche Adaption von D. Schröder, 216 S., kart. ●●

Besser Bridge spielen
Reiztechnik, Spielverlauf und Gegenspiel. (2026) Von J. Weiss, 144 S., 60 Diagramme, kart. ●●

Herausforderung im Bridge
200 Aufgaben mit Lösungen. (2033) Von V. Mollo, 152 S., kart. ●●

Kartentricks
(2010) Von T. A. Rosee, 80 S., 13 Zeichnungen, kart. ●

Mah-Jongg
Das chinesische Glücks-, Kombinations- und Gesellschaftsspiel. (2030) Von U. Eschenbach, 80 S., 30 s/w-Fotos, 5 Zeichnungen, kart. ●

Neue Kartentricks
(2027) Von K. Pankow, 104 S., 20 Abb., kart. ●

Backgammon
für Anfänger und Könner. (2008) Von G. W. Fink und G. Fuchs, 116 S., 41 Abb., kart. ●

Würfelspiele
für jung und alt. (2007) Von F. Pruss, 112 S., 21 s/w-Zeichnungen, kart. ●

Gesellschaftsspiele
für drinnen und draußen. (2006) Von H. Görz, 128 S., kart. ●

Spiele für Party und Familie
(2014) Von Rudi Carrell, 160 S., 50 Abb., kart. ●

Das japanische Brettspiel Go
(2020) Von W. Dörholt, 104 S., 182 Diagramme, kart. ●

Roulette richtig gespielt
Systemspiele, die Vermögen brachten. (0121) Von M. Jung, 96 S., zahlreiche Tabellen, kart. ●

Spielend Roulette lernen
(2034) Von E. P. Caspar, 152 S., 1 s/w-Foto, 45 Zeichnungen, kart. ●●

Denksport und Schnickschnack
für Tüftler und fixe Köpfe. (0362) Von J. Barto, 100 S., 45 Abb., kart. ●

Rätselspiele, Quiz- und Scherzfragen
für gesellige Stunden. (0577) Von K.-H. Schneider, 168 S., über 100 Zeichnungen, Pappband. ●●

Knobeleien und Denksport
(2019) Von K. Rechberger, 142 S., 105 Zeichnungen, kart. ●

Das Geheimnis der magischen Ringe
Alles über das Puzzle vom Würfel-Erfinder. Die schönsten Figuren. (0878) Von Dr. Ch. Bandelow, 96 S., 198 Zeichnungen, 8 Cartoons, kart. ●

Die hier vorgestellten Bücher, Videokassetten und Software sind in folgende Preisgruppen unterteilt:

● Preisgruppe bis DM 10,–/S 79,–
●● Preisgruppe über DM 10,– bis DM 20,– S 80,– bis S 160,–
●●● Preisgruppe über DM 20,– bis DM 30,– S 161,– bis S 240,–
●●●● Preisgruppe über DM 30,– bis DM 50,– S 241,– bis S 400,–
●●●●● Preisgruppe über DM 50,–/S 401,–
*(unverbindliche Preisempfehlung)

FALKEN VERLAG

Die Preise entsprechen dem Status beim Druck dieses

Quiz
Mehr als 1500 ernste und heitere Fragen aus allen Gebieten. (0129) Von R. Sautter und W. Pröve, 92 S., 9 Zeichnungen, kart. ●

500 Rätsel selberraten
(0681) Von E. Krüger, 272 S., kart. ●

365 Schwedenrätsel
(4173) Von Günther Borutta, 336 S.,kart. ●●

501 Rätsel selberraten
(0711) Von E. Krüger, 272 S., kart. ●

Riesen-Kreuzwort-Rätsel-Lexikon
über 250.000 Begriffe. (4197) Von H. Schiefelbein, 1024 S., Pappband. ●●●

Das Super-Kreuzwort-Rätsel-Lexikon
Über 150.000 Begriffe. (4279) Von H. Schiefelbein, 688 S., Pappband. ●●

Das große farbige Kinderlexikon
(4195) Von U. Kopp, 320 S., 493 Farbabb., 17 s/w-Fotos, Pappband. ●●●

Das große farbige
Bastelbuch für Kinder
(4254) Von U. Barff, I. Burkhardt, J. Maier, 224 S., 157 Farbfotos, 430 Farb- und 69 s/w-Zeichnungen, Pappband. ●●●

Punkt, Punkt, Komma, Strich
Zeichenstunden für Kinder. (0564) Von H. Witzig, 144 S., über 250 Zeichnungen, kart. ●

Einmal grad und einmal krumm
Zeichenstunden für Kinder. (0599) Von H. Witzig, 144 S., 363 Abb., kart. ●

Kinderspiele
die Spaß machen. (2009) Von H. Müller-Stein, 112 S., 28 Abb., kart. ●

Spiele für Kleinkinder
(2011) Von D. Kellermann, 80 S., 23 Abb., kart. ●

Spiel und Spaß am Krankenbett
für Kinder und die ganze Familie. (2035) Von H. Bücken, 104 S., 97 Zeichnungen, kart. ●

Kasperletheater
Spieltexte und Spielanleitungen · Basteltips für Theater und Puppen. (0641) Von U. Lietz, 136 S., 4 Farbtafeln, 12 s/w-Fotos, 39 Zeichnungen, kart. ●

Tri-tra-trullalla
Neue Texte mit Spielanleitungen fürs Kasperletheater. (0681) Von U. Lietz, 96 S., 18 s/w-Zeichnungen, kart. ●

Kindergeburtstag
Vorbereitung, Spiel und Spaß. (0287) Von Dr. I. Obrig, 104 S., 40 Abb., 11 Zeichnungen, 9 Lieder mit Noten, kart. ●

Kindergeburtstage die keiner vergißt
Planung, Gestaltung, Spielvorschläge. (0698) Von G. und G. Zimmermann, 102 S., 80 Vignetten, kart. ●

Kinderfeste
daheim und in Gruppen. (4033) Von G. Blechner, 240 S., 320 Abb., kart. ●●

Scherzfragen, Drudel und Blödeleien
gesammelt von Kindern. (0506) Hrsg. von W. Pröve, 112 S., 57 Zeichnungen, kart. ●

Komm mit ins Land der Lieder
Das große Buch der Kinder-, Volks- und Chorlieder. (4261) Hrsg. von H. Rauhe, 176 S., 146 Farbzeichnungen, Pappband. ●●●

Die schönsten Wander- und Fahrtenlieder
(0462) Hrsg. von F. R. Miller, empfohlen vom Deutschen Sängerbund, 80 S., mit Noten und Zeichnungen, kart. ●

Die schönsten Volkslieder
(0432) Hrsg. von D. Walther, 128 S., mit Noten und Zeichnungen, kart. ●

Neue Spiele für Ihre Party
(2022) Von G. Blechner, 120 S., 54 Zeichnungen, kart. ●

Lustige Tanzspiele und Scherztänze
für Parties und Feste. (0165) Von E. Bäulke, 80 S., 53 Abb., kart. ●

Straßenfeste, Flohmärkte und Basare
Praktische Tips für Organisation und Durchführung. (0592) Von H. Schuster, 96 S., 52 Fotos, 17 Zeichnungen, kart. ●●

Humor

Heitere Vorträge und witzige Reden
Lachen, Witz und gute Laune. (0149) Von E. Müller, 104 S., 44 Abb., kart. ●

Tolle Sketche
mit zündenden Pointen – zum Nachspielen. (0656) Von E. Cohrs, 112 S., kart. ●

Vergnügliche Sketche
(0476) Von H. Pillau, 96 S., mit 7 Zeichnungen, kart. ●

Heitere Vorträge
(0528) Von E. Müller, 128 S., 14 Zeichnungen, kart. ●

Die große Lachparade
Neue Texte für heitere Vorträge und Ansagen. (0188) Von E. Müller, 80 S., kart. ●

So feiert man Feste fröhlicher
Heitere Vorträge und Gedichte. (0098) Von Dr. Allos, 96 S., 15 Abb., kart. ●

Lustige Vorträge für fröhliche Feiern
(0284) Von K. Lehnhoff, 96 S., kart. ●

Vergnügliches Vortragsbuch
(0091) Von J. Plaut, 192 S., kart. ●

Locker vom Hocker
Witzige Sketche zum Nachspielen. (4262) Von W. Giller, 144 S., 41 Zeichnungen, Pappband. ●●

Fidele Sketche und heitere Vorträge
Humor zum Nachspielen. (0157) Von H. Ehnle. 96 S., kart. ●

Sketche und spielbare Witze
für bunte Abende und andere Feste. (0445) Von H. Friedrich, 120 S., 7 Zeichnungen, kart. ●

Sketsche
Kurzspiele zu amüsanter Unterhaltung. (0247) Von M. Gering, 132 S., 16 Abb., kart., ●

Witzige Sketche zum Nachspielen
(0511) Von D. Hallervorden, 160 S., kart. ●●

Gereimte Vorträge
für Bühne und Bütt. (0567) Von G. Wagner, 96 S., kart. ●

Damen in der Bütt
Scherze, Büttenreden, Sketsche. (0354) Von T. Müller, 136 S., kart. ●

Narren in der Bütt
Leckerbissen aus dem rheinischen Karneval. (0216) Zusammengestellt von T. Lücker, 112 S., kart. ●

Rings um den Karneval
Karnevalsscherze und Büttenreden. (0130) Von Dr. Allos, 136 S., kart. ●

Helau und Alaaf 1
Närrisches aus der Bütt. (0304) Von E. Müller, 112 S., kart. ●

Helau und Alaaf 2
Neue Büttenreden. (0477) Von E. Luft, 104 S., kart. ●

Helau und Alaaf 3
Neue Reden für die Bütt. (0832) Von H. Fauser, 144 S., 13 Zeichnungen, kart. ●

Humor und Stimmung
Ein heiteres Vortragsbuch. (0460) Von G. Wagner, 112 S., kart. ●

Humor und gute Laune
Ein heiteres Vortragsbuch. (0635) Von G. Wagner, 112 S., 5 Zeichnungen, kart. ●

Das große Buch der Witze
(0384) Von E. Holz, 320 S., 36 Zeichnungen, Pappband. ●●

Da lacht das Publikum
Neue lustige Vorträge für viele Gelegenheiten. (0716) Von H. Schmalenbach, 104 S., kart. ●

Witzig, witzig
(0507) Von E. Müller, 128 S., 16 Zeichnungen, kart. ●

Die besten Witze und Cartoons des Jahres 1
(0454) Hrsg. von K. Hartmann, 288 S., 125 Zeichnungen, geb. ●●

Die besten Witze und Cartoons des Jahres 2
(0488) Hrsg. von K. Hartmann, 288 S., 148 Zeichnungen, geb. ●●

Die besten Witze und Cartoons des Jahres 4
(0579) Hrsg. von K. Hartmann, 288 S., 140 Zeichnungen, Pappband. ●●

Die besten Witze und Cartoons des Jahres 5
(0642) Hrsg. von K. Hartmann, 288 S., 88 Zeichnungen, Pappband. ●●

Das Superbuch der Witze
(4146) Von B. Bornheim, 504 S., 54 Cartoons, Pappband. ●●

Die hier vorgestellten Bücher, Videokassetten und Software sind in folgende Preisgruppen unterteilt:

● Preisgruppe bis DM 10,–/S 79,–
●● Preisgruppe über DM 10,– bis DM 20,– S 80,– bis S 160,–
●●● Preisgruppe über DM 20,– bis DM 30,– S 161,– bis S 240,–
●●●● Preisgruppe über DM 30,– bis DM 50,– S 241,– bis S 400,–
●●●●● Preisgruppe über DM 50,–/S 401,–
*(unverbindliche Preisempfehlung)

FALKEN VERLAG

Witze
Lachen am laufenden Band (4241) Von J. Burkert, D. Kroppach, 400 S., 41 Zeichnungen, Pappband. ●●

Die besten Beamtenwitze
(0574) Hrsg. von W. Pröve, 112 S., 59 Cartoons, kart. ●

Die besten Kalauer
(0705) Von K. Frank, 112 S., 12 Zeichnungen, kart., ●

Robert Lembkes Witzauslese
(0325) Von Robert Lembke, 160 S., 10 Zeichnungen von E. Köhler, Pappband. ●●

Fred Metzlers Witze mit Pfiff
(0368) Von F. Metzler, 120 S., kart. ●

O frivol ist mir am Abend
Pikante Witze von Fred Metzler. (0388) Von F. Metzler, 128 S., mit Karikaturen, kart. ●

Herrenwitze
(0589) Von G. Wilhelm, 112 S., 31 Zeichnungen, kart. ●

Witze am laufenden Band
(0461) Von F. Asmussen, 118 S., kart. ●

Horror zum Totlachen
Gruselwitze
(0536) Von F. Lautenschläger, 96 S., 44 Zeichnungen, kart. ●

Die besten Ostfriesenwitze
(0495) Hrsg. von O. Freese, 112 S., 17 Zeichnungen, kart. ●

Die Kleidermotte ernährt sich von nichts, sie frißt nur Löcher
Stilblüten, Sprüche und Widersprüche aus Schule, Zeitung, Rundfunk und Fernsehen. (0738) Von P. Haas, D. Kroppach, 112 S., zahlr. Abb., kart. ●

Olympische Witze
Sportlerwitze in Wort und Bild. (0505) Von W. Willnat, 112 S., 126 Zeichnungen, kart. ●

Ich lach mich kaputt! Die besten Kinderwitze
(0545) Von E. Hannemann, 128 S., 15 Zeichnungen, kart. ●

Lach mit!
Witze für Kinder, gesammelt von Kindern. (0468) Hrsg. von W. Pröve, 128 S., 17 Zeichnungen, kart. ●

Die besten Kinderwitze
(0757) Von K. Rank, 120 S., 28 Zeichnungen, kart. ●

Lustige Sketche für Jungen und Mädchen
Kurze Theaterstücke für Jungen und Mädchen. (0669) Von U. Lietz und U. Lange, 104 S., kart. ●

Spielbare Witze für Kinder
(0824) Von H. Schmalenbach, 128 S., 30 Zeichnungen, kart. ●

Natur

Falken-Handbuch
Umweltschutz
Das Öko-Testbuch zur Eigeninitiative. (4160) Von M. Häfner, 352 S., 411 Farbf., 152 Farbzeichnungen, Pappband. ●●●●

Pilze
erkennen und benennen. (0380) Von J. Raithelhuber, 136 S., 110 Farbfotos, kart. ●●

Falken-Handbuch **Pilze**
Mit über 250 Farbfotos und Rezepten. (4061) Von M. Knoop, 276 S., 250 Farbfotos, Pappband. ●●●●

Das Gartenjahr
Arbeitsplan für den Hobbygärtner. (4075) Von G. Bambach, 152 S., 16 Farbtafeln, 141 Abb., kart. ●●

Gartenteiche und Wasserspiele
planen, anlegen und pflegen. (4083) Von H. R. Sikora, 160 S., 31 Farb- und 31 s/w-Fotos, 73 Zeichnungen, Pappband. ●●●

Wasser im Garten
Von der Vogeltränke zum Naturteich – Natürliche Lebensräume selbst gestalten. (4230) Von H. Hendel, 240 S., 247 Farbfotos, 68 Farbzeichnungen, Pappband. ●●●●●

Mein kleiner Gartenteich
planen – anlegen – pflegen (0851) Von I. Polaschek, 144 S., 85 Farbfotos, 10 Farbzeichnungen, kart. ●●

Gärtnern
(5004) Von I. Manz, 64 S., 38 Farbfotos, Pappband. ●●

Gärtner Gustavs Gartenkalender
Arbeitspläne · Pflanzenporträts · Gartenlexikon. (4155) Von G. Schoser, 120 S., 146 Farbfotos, 13 Tabellen, 203 farbige Zeichnungen, Pappband. ●●●

Ziersträucher und -bäume im Garten
(5071) Von I. Manz, 64 S., 91 Farbfotos, Pappband. ●●

Das Blumenjahr
Arbeitsplan für drinnen und draußen. (4142) Von G. Vocke, 136 S., 15 Farbtafeln, kart. ●●

Der richtige Schnitt von Obst- und Ziergehölzen, Rosen und Hecken
(0619) Von E. Zettl, 88 S., 8 Farbtafeln, 39 Zeichnungen, 21 s/w-Fotos, kart. ●

Blumenpracht im Garten
(5014) Von I. Manz, 64 S., 93 Farbfotos, Pappband. ●●

Blütenpracht in Haus und Garten
(4145) Von M. Haberer, u. a., 352 S., 1012 Farbfotos, Pappband. ●●●●

Sag's mit Blumen
Pflege und Arrangieren von Schnittblumen. (5103) Von P. Möhring, 64 S., 68 Farbfotos, 2 s/w-Abb., Pappband. ●●

Grabgestaltung
Bepflanzung und Pflege zu jeder Jahreszeit. (5120) Von N. Uhl, 64 S., 77 Farbfotos, 2 Zeichnungen, Pappband. ●●

Wintergärten
Das Erlebnis, mit der Natur zu wohnen. Planen, Bauen und Gestalten. (4256) Von LOG, ID, 136 S., 130 Farbfotos, 107 Zeichnungen, Pappband. ●●●●

Häuser in lebendigem Grün
Fassaden und Dächer mit Pflanzen gestalten. (0846) Von U. Mehl, K. Werk, 88 S., 116 Farbfotos, 4 Farb- und 17 s/w-Zeichnungen, kart. ●●

Leben im Naturgarten
Der Biogärtner und seine gesunde Umwelt. (4124) Von N. Jorek, 128 S., 68 s/w-Fotos, kart. ●●

So wird mein Garten zum Biogarten
Alles über die Umstellung auf naturgemäßen Anbau. (0706) Von I. Gabriel, 128 S., 73 Farbfotos, 54 Farbzeichnungen, kart. ●●

Gesunde Pflanzen im Biogarten
Biologische Maßnahmen bei Schädlingsbefall und Pflanzenkrankheiten. (0707) Von I. Gabriel, 128 S., 126 Farbfotos, 12 Farbzeichnungen, kart. ●●

Kosmische Einflüsse auf unsere Gartenpflanzen
Sterne beeinflussen Wachstum und Gesundheit der Pflanzen (0708) Von I. Gabriel, 112 S., 57 Farbfotos, 43 Farbzeichnungen, kart. ●●

Der Biogarten unter Glas und Folie
Ganzjährig erfolgreich ernten. (0722) Von I. Gabriel, 128 S., 62 Farbfotos, 45 Farbzeichnungen, kart. ●●

Obst und Beeren im Biogarten
Gesunde und schmackhafte Früchte durch natürlichen Anbau. (0780) Von I. Gabriel, 128 S., 38 Farbfotos, 71 Farbzeichungen, kart. ●●

Neuanlage eines Biogartens
Planung, Bodenvorbeitung, Gestaltung. (0721) Von I. Gabriel, 128 S., 73 Farbfotos, 39 Zeichnungen, kart. ●●

Der biologische Zier- und Wohngarten
Planen, Vorbereiten, Bepflanzen und Pflegen. (0748) Von I. Gabriel, 128 S., 72 Farbfotos, 46 Farbzeichnungen, kart. ●●

Gemüse im Biogarten
Gesunde Ernte durch naturgemäßen Anbau (0830) Von I. Gabriel, 128 S., 26 Farbfotos, 86 Farbzeichnungen, kart. ●●

Erfolgreich gärtnern
durch naturgemäßen Anbau (4252) Von I. Gabriel, 416 S., 176 Farbfotos, 212 Farbzeichnungen, Pappband. ●●

Das Bio-Gartenjahr
Arbeitsplan für naturgemäßes Gärtnern. (4169) Von N. Jorek, 128 S., 8 Farbtafeln, 70 s/w-Abb. kart. ●●

Selbstversorgung aus dem eigenen Anbau
Reichen Erntesegen verwerten und haltbar machen. (4182) Von M. Bustorf-Hirsch, M. Hirsch, 216 S., 270 Zeichnungen, Pappband. ●●●

Mischkultur im Nutzgarten
Mit Jahreskalender und Anbauplänen. (0651) Von H. Oppel, 112 S., 8 Farbtafeln, 23 s/w-Fotos, 29 Zeichnungen, kart. ●

Erfolgreich gärtnern mit
Frühbeet und Folien
(0828) Von Dr. Gustav Schoser, 88 S., 8 Farbtafeln, 46 s/w-Fotos, kart. ●

Erfolgstips für den Gemüsegarten
Mit naturgemäßem Anbau zu höherem Ertrag. (0674) Von F. Mühl, 80 S., 30 s/w-Fotos, 4 Zeichnungen, kart. ●

Die hier vorgestellten Bücher, Videokassetten und Software sind in folgende Preisgruppen unterteilt:

● Preisgruppe bis DM 10,–/S 79,–
●● Preisgruppe über DM 10,– bis DM 20,– S 80,– bis S 160,–
●●● Preisgruppe über DM 20,– bis DM 30,– S 161,– bis S 240,–
●●●● Preisgruppe über DM 30,– bis DM 50,– S 241,– bis S 400,–
●●●●● Preisgruppe über DM 50,–/S 401,–
*(unverbindliche Preisempfehlung)

Die Preise entsprechen dem Status beim Druck dieses

Erfolgstips für den Obstgarten
Gesunde Früchte durch richtige Sortenwahl und Pflege. (0827) Von F. Mühl, 184 S., 16 Farbtafeln, 33 Zeichnungen, kart. ●●

Gemüse, Kräuter, Obst aus dem Balkongarten
– Erfolgreich ernten auf kleinstem Raum. (0694) Von S. Stein, 32 S., 34 Farbfotos, 6 Zeichnungen, Spiralbindung, kart. ●

Keime, Sprossen, Küchenkräuter
am Fenster ziehen – rund ums Jahr. (0658) Von F. und H. Jantzen, 32 S., 55 Farbfotos, Pappband. ●

Balkons in Blütenpracht
zu allen Jahreszeiten. (5047) Von N. Uhl, 64 S., 80 Farbfotos, Pappband. ●●

Kübelpflanzen
für Balkon, Terrasse und Dachgarten. (5132) Von M. Haberer, 64 S., 70 Farbfotos, Pappband. ●●

Kletterpflanzen
Rankende Begrünung für Fassade, Balkon und Garten. (5140) Von M. Haberer, 64 S., 70 Farbabb., 2 Zeichnungen, Pappband. ●●

Mein Kräutergarten rund ums Jahr
Täglich schnittfrisch und gesund würzen. (4192) Von Prof. Dr. G. Lysek, 136 S., 15 Farbtafeln, 91 Zeichnungen, kart. ●●

Blühende Zimmerpflanzen
94 Arten mit Pflegeanleitungen. (5010) Von R. Blaich, 64 S., 107 Farbfotos, Pappband. ●●

Prof. Stelzers grüne Sprechstunde
Gesunde Zimmerpflanzen
Krankheiten erkennen und behandeln · Mit neuem Diagnosesystem. (4274) Von Prof. Dr. G. Stelzer, 192 S., 410 Farbfotos, 10 s/w-Zeichnungen, Pappband. ●●●

Videokassette
Pflanzenjournal
Blumen- und Pflanzenpflege im Jahreslauf. (6036/VHS) ca. 30 Min., in Farbe, ●●●●*

Blütenpracht in Grolit 2000
Der neue, mühelose Weg zu farbenprächtigen Zimmerpflanzen. (5127) Von G. Vocke, 64 S., 50 Farbfotos, Pappband. ●●

Ziergräser
Über 100 Arten erfolgreich kultivieren. (0829) Von H. Jantra, 104 S., 73 Farbfotos, 6 Farbzeichnungen, kart. ●●

Bonsai
Japanische Miniaturbäume und Miniaturlandschaften. Anzucht, Gestaltung und Pflege. (4091) Von B. Lesniewicz, 160 S., 106 Farbfotos, 46 s/w-Fotos, 115 Zeichnungen, gebunden. ●●●●●

Zimmerbäume, Palmen und andere Blattpflanzen
Standort, Pflege, Vermehrung, Schädlinge. (5111) Von G. Schoser, 96 S., 98 Farbfotos, 7 Zeichnungen, Pappband. ●●

Biologisch zimmergärtnern
Zier- und Nutzpflanzen natürlich pflegen. (4144) Von N. Jorek, 152 S., 15 Farbtafeln, 120 s/w-Fotos, Pappband. ●●

Hydrokultur
Pflanzen ohne Erde – mühelos gepflegt. (4080) Von H.-A. Rotter, 120 S., 82 Abb., Pappband. ●●

Zimmerpflanzen in Hydrokultur
Leitfaden für problemlose Blumenpflege. (0660) Von H.-A. Rotter, 32 S., 76 Farbfotos, 8 farbige Zeichnungen, Pappband, ●

Sukkulenten
Mittagsblumen, Lebende Steine, Wolfsmilchgewächse u. a. (5070) Von W. Hoffmann, 64 S., 82 Farbfotos, Pappband. ●●

Kakteen und andere Sukkulenten
300 Arten mit über 500 Farbfotos. (4116) Von G. Andersohn, 316 S., 520 Farbfotos, 193 Zeichnungen, Pappband. ●●●●

Fibel für Kakteenfreunde
(0199) Von H. Herold, 102 S., 23 Farbfotos, 37 s/w-Abb., kart. ●

Kakteen
Herkunft, Anzucht, Pflege, Arten. (5021) Von W. Hoffmann, 64 S., 70 Farbfotos, Pappband. ●●

Faszinierende Formen und Farben
Kakteen
(4211) Von K. und F. Schild, 96 S., 127 Farbfotos, Pappband. ●●●

Falken-Handbuch **Orchideen**
Lebensraum, Kultur, Anzucht und Pflege. (4231) Von G. Schoser, 144 S., 121 Farbfotos, 28 Farbzeichnungen, Pappband. ●●●

Falken-Handbuch **Katzen**
(4158) Von B. Gerber, 176 S., 294 Farb- und 88 s/w-Fotos, Pappband. ●●●●

DIE TIERSPRECHSTUNDE
Junge Katzen
(0862) Von Dr. med. vet. E. M. Bartenschlager, 72 S., 40 Farbfotos, 4 Farbzeichnungen, kart. ●

Katzen
Rassen · Haltung · Pflege. (4216) Von B. Eilert-Overbeck, 96 S., 82 Farbfotos, Pappband. ●●●

Das neue Katzenbuch
Rassen – Aufzucht – Pflege. (0427) Von B. Eilert-Overbeck, 136 S., 14 Farbfotos, 26 s/w-Fotos, kart. ●

Katzenkrankheiten
Erkennung und Behandlung. Steuerung des Sexualverhaltens. (0652) Von Dr. med. vet. R. Spangenberg, 176 S., 64 s/w-Fotos, 4 Zeichnungen, kart. ●

Falken-Handbuch **Hunde**
(4118) Von H. Bielfeld, 176 S., 222 Farb- und 73 s/w-Abb., Pappband. ●●●●

Hunde
Rassen · Erziehung · Haltung. (4209) Von H. Bielfeld, 96 S., 101 Farbfotos, Pappband. ●●●

Das neue Hundebuch
Rassen · Aufzucht · Pflege. (0009) Von W. Busack, überarbeitet von Dr. med. vet. A. H. Hacker und H. Bielfeld, 112 S., 8 Farbtafeln, 27 s/w-Fotos, 6 Zeichnungen, kart. ●

Falken-Handbuch
Der Deutsche Schäferhund
(4077) Von U. Förster, 228 S., 160 Abb., Pappband. ●●●

Der Deutsche Schäferhund
Aufzucht, Pflege und Ausbildung. (0073) Von A. Hacker, 104 S., 56 Abb., kart. ●

Dackel, Teckel, Dachshund
Aufzucht · Pflege · Ausbildung. (0508) Von M. Wein-Gysae, 112 S., 4 Farbtafeln, 43 s/w-Fotos, 2 Zeichnungen, kart. ●

Hundeausbildung
Verhalten – Gehorsam – Abrichtung. (0346) Von Prof. Dr. R. Menzel, 96 S., 18 Fotos, kart. ●

Grundausbildung für Gebrauchshunde
Schäferhund, Boxer, Rottweiler, Dobermann, Riesenschnauzer, Airedaleterrier, Hovawart und Bouvier. (0801) Von M. Schmidt und W. Koch, 104 S., 8 Farbtafeln, 51 s/w-Fotos, 5 s/w-Zeichnungen, kart. ●

Hundekrankheiten
Erkennung und Behandlung, Steuerung des Sexualverhaltens. (0570) Von Dr. med. vet. R. Spangenberg, 128 S., 68 s/w-Fotos, 10 Zeichnungen, kart. ●

Falken-Handbuch **Pferde**
(4186) Von H. Werner, 176 S., 196 Farb- und 50 s/w-Fotos, 100 Zeichnungen, Pappband. ●●●●

Ponys
Rassen, Haltung, Reiten. (4205) Von S. Braun, 96 S., 84 Farbfotos, Pappband. ●●●

Wellensittiche
Arten · Haltung · Pflege · Sprechunterricht · Zucht. (5136) Von H. Bielfeld, 64 S., 59 Farbfotos, Pappband. ●●

Papageien und Sittiche
Arten · Pflege · Sprechunterricht. (0591) Von H. Bielfeld, 112 S., 8 Farbtafeln, kart. ●

Geflügelhaltung als Hobby
(0749) Von M. Baumeister, H. Meyer, 184 S., 8 Farbtafeln, 47 s/w-Fotos, 15 Zeichnungen, kart. ●●

DIE TIERSPRECHSTUNDE
Alles über Igel in Natur und Garten
(0810) Von Dr. med. vet. E. M. Bartenschlager, 68 S., 51 Farbfotos, kart. ●

DIE TIERSPRECHSTUNDE
Alles über Meerschweinchen
(0809) Von Dr. med. vet. E. M. Bartenschlager, 72 S., 43 Farbfotos, 11 Farbzeichnungen, kart. ●

DIE TIERSPRECHSTUNDE
Tiere im Wassergarten
(0808) Von Dr. med. vet. E. M. Bartenschlager, 96 S., 82 Farbfotos, 7 Zeichnungen, kart. ●

Das Süßwasser-Aquarium
Einrichtung · Pflege · Fische · Pflanzen. (0153) Von H. J. Mayland, 152 S., 16 Farbtafeln, 43 s/w-Zeichnungen, kart. ●●

Falken-Handbuch
Süßwasser-Aquarium
(4191) Von H. J. Mayland, 288 S., 564 Farbfotos, 75 Zeichnungen, Pappband. ●●●●

Die hier vorgestellten Bücher, Videokassetten und Software sind in folgende Preisgruppen unterteilt:

● Preisgruppe bis DM 10,–/S 79,–
●● Preisgruppe über DM 10,– bis DM 20,– S 80,– bis S 160,–
●●● Preisgruppe über DM 20,– bis DM 30,– S 161,– bis S 240,–
●●●● Preisgruppe über DM 30,– bis DM 50,– S 241,– bis S 400,–
●●●●● Preisgruppe über DM 50,–/S 401,–
*(unverbindliche Preisempfehlung)

FALKEN VERLAG

Cichliden
Pflege, Herkunft und Nachzucht der wichtigsten Buntbarscharten. (5144) Von Jo in't Veen, 96 S., 163 Farbfotos, Pappband. ●●

Gesundheit

Die Frau als Hausärztin
Der unentbehrliche Ratgeber für die Gesundheit. (4072) Von Dr. med. A. Fischer-Dückelmann, 808 S., 14 Farbtafeln, 146 s/w-Fotos, 203 Zeichnungen, Pappband. ●●●

Heiltees und Kräuter für die Gesundheit
(4123) Von G. Leibold, 136 S., 15 Farbtafeln, 16 Zeichnungen, kart. ●●

Falken-Handbuch **Heilkräuter**
Modernes Lexikon der Pflanzen und Anwendungen (4076) Von G. Leibold, 392 S., 183 Farbfotos, 22 Zeichnungen, geb. ●●●●

Die farbige Kräuterfibel
Heil- und Gewürzpflanzen. (0245) Von I. Gabriel, 196 S., 49 farbige und 97 s/w-Abb., kart. ●●

Falken-Handbuch **Bio-Medizin**
Alles über die moderne Naturheilpraxis. (4136) Von G. Leibold, 552 S., 38 Farbfotos, 232 s/w-Abb., Pappband. ●●●●

Enzyme
Vitalstoffe für die Gesundheit. (0677) Von G. Leibold, 96 S., kart. ●

Heilfasten
(0713) Von G. Leibold, 108 S., kart. ●

Besser leben durch Fasten
(0841) Von G. Leibold, 100 S., kart. ●

Krebsangst und Krebs behandeln
Mit einem Vorwort von Prof. Dr. med. Friedrich Douwes. (0839) Von G. Leibold, 104 S., kart. ●

Allergien behandeln und lindern
Mit einem Vorwort von Prof. Dr. med. Axel Stemmann. (0840) Von G. Leibold, 104 S., 4 Zeichnungen, kart. ●

Rheuma behandeln und lindern
Mit einem Vorwort von Dr. med. Max-Otto-Bruker (0836) Von G. Leibold, 104 S., kart. ●

Die echte Schroth-Kur
(0797) Von Dr. med. R. Schroth, 88 S., 2 s/w-Fotos, kart. ●

Streß bewältigen durch Entspannung
(0834) Von Dr. med. Chr. Schenk, 88 S., 29 Zeichnungen, kart. ●

Gesundheit und Spannkraft durch Yoga
(0321) Von L. Frank und U. Ebbers, 112 S., 50 s/w-Fotos, kart. ●

Yoga für jeden
(0341) Von K. Zebroff, 156 S., 135 Abb., Spiralbindung, ●●●

Yoga für Schwangere
Der Weg zur sanften Geburt. (0777) Von V. Bolesta-Hahn, 108 S., 76 zweifarbige Abb. kart. ●●

Yoga gegen Haltungsschäden und Rückenschmerzen
(0394) Von A. Raab, 104 S., 215 Abb., kart. ●

Hypnose und Autosuggestion
Methoden – Heilwirkungen – praktische Beispiele. (0483) Von G. Leibold, 116 S., kart. ●

Gesund durch Gedankenenergie
Heilung im gemeinsamen Kraftfeld (6035) Nur VHS, 45 Min., in Farbe ●●●●●*

Autogenes Training
Anwendung · Heilwirkungen · Methoden. (0541) Von R. Faller, 128 S., 3 Zeichnungen, kart. ●

Die fernöstliche Fingerdrucktherapie Shiatsu
Anleitungen zur Selbsthilfe – Heilwirkungen. (0615) Von G. Leibold, 196 S., 180 Abb., kart. ●●

Eigenbehandlung durch Akupressur
Heilwirkungen – Energielehre – Meridiane. (0417) Von G. Leibold, 152 S., 78 Abb., kart. ●

Chinesische Naturheilverfahren
Selbstbehandlung mit bewährten Methoden der physikalischen Therapie. Atemtherapie · Heilgymnastik · Selbstmassage · Vorbeugen · Behandeln · Entspannen. (4247) Von F. Tjoeng Lie, 160 S., 292 zweifarbige Zeichnungen, Pappband. ●●●

Chinesisches Schattenboxen
Tai-Ji-Quan
für geistige und körperliche Harmonie (0850) Von F. T. Lie, 120 S., 221 s/w-Fotos, 9 s/w-Zeichnungen, Beilage: 1 s/w-Poster mit zahlreichen Abbildungen, kart. ●●

Bauch, Taille und Hüfte gezielt formen durch **Aktiv-Yoga**
(0709) Von K. Zebroff, 112 S., 102 Farbfotos, Spiralbindung, ●●

10 Minuten täglich Tele-Gymnastik
(5102) Von B. Manz und K. Biermann, 128 S., 381 Abb., kart. ●●

Gesund und fit durch Gymnastik
(0366) Von H. Pilss-Samek, 132 S., 150 Abb., kart. ●

Stretching
Mit Dehnungsgymnastik zu Entspannung, Geschmeidigkeit und Wohlbefinden. (0717) Von H. Schulz, 80 S., 90 s/w-Fotos, kart. ●

Gesund und leistungsfähig durch **Konditionsübungen, Fitneßtraining, Wirbelsäulengymnastik**
(0844) Von R. Milser, K. Grafe, 104 S., 99 Farbfotos, 12 Farbzeichnungen, 5 s/w-Zeichnungen kart. ●●

Gesundheit durch altbewährte Kräuterrezepte und Hausmittel aus der **Natur-Apotheke**
(4156) Von G. Leibold, 236 S., 8 Farbtafeln, 100 Zeichnungen, kart., ●●

Diät bei Krankheiten des Magens und Zwölffingerdarms
Rezeptteil von B. Zöllner. (3201) Von Prof. Dr. med. H. Kaess, 96 S., 4 Farbtafeln, kart. ●●

Diät bei Herzkrankheiten und Bluthochdruck
Salzarme (natriumarme) Kost. Rezeptteil von B. Zöllner. (3202) Von Prof. Dr. med. H. Rottka, 92 S., 4 Farbtafeln, kart. ●●

Diät bei Erkrankungen der Nieren, Harnwege und bei Dialysebehandlung
Völlig überarbeitete Neuauflage, durchgehend farbig bebildert. Rezeptteil von B. Zöllner. (3203) Von Prof. Dr. med. Dr. h. c. H. J. Sarre und Prof. Dr. med. R. Kluthe, 96 S., 33 Farbfotos, 1 s/w-Zeichnung, kart. ●●

Richtige Ernährung wenn man älter wird
Völlig überarbeitete Neuauflage, durchgehend farbig bebildert. Rezeptteil von B. Zöllner. (3204) Von Priv.-Doz. Dr. med. H.-J. Pusch und Dr. med. W. Koch, ca. 100 S., ca. 50 Farbfotos, kart. ●●
(erscheint September '87)

Diät bei Gicht und Harnsäuresteinen
Rezeptteil von B. Zöllner. (3205) Von Prof. Dr. med. N. Zöllner, 80 S., 4 Farbtafeln, kart. ●●

Diät bei Zuckerkrankheit
Rezeptteil von B. Zöllner. (3206) Von Prof. Dr. med. P. Dieterle, 80 S., 4 Farbtafeln, kart. ●●

Diät bei Krankheiten der Gallenblase, Leber und Bauchspeicheldrüse
Rezeptteil von B. Zöllner. (3207) Von Prof. Dr. med. H. Kasper, 88 S., 4 Farbtafeln, kart. ●●

Diät bei Störungen des Fettstoffwechsels und zur Vorbeugung der Arteriosklerose
Rezeptteil von B. Zöllner. (3208) Von Prof. Dr. med. G. Wolfram und Dr. med. O. Adam, 104 S., 4 Farbtafeln, kart. ●●

Diät bei Übergewicht
Völlig überarbeitete Neuauflage, durchgehend farbig bebildert. Rezeptteil von B. Zöllner. (3209) Von Priv.-Doz. Dr. med. Ch. Keller, ca. 100 S., ca. 50 Farbfotos, kart. ●●
(erscheint Dezember '87)

Diät bei Darmkrankheiten
Durchfall – Divertikulose, Reizdarm und Darmträgheit – einheimische Sprue (Zöliakie) – Disaccharidasemangel – Dünndarmresektion – Dumping Syndrom. Rezeptteil von B. Zöllner. (3211) Von Prof. Dr. med. G. Strohmeyer, 88 S., 4 Farbtafeln, kart. ●●

Ballaststoffreiche Kost bei Funktionsstörungen des Darms
Rezeptteil von B. Zöllner. (3212) Von Prof. Dr. med. H. Kasper, ca. 100 S., ca. 50 Farbfotos, kart. ●●
(erscheint Oktober '87)

Bildatlas des menschlichen Körpers
(4177) Von G. Pogliani, V. Vannini, 112 S., 402 Farbabb., 28 s/w-Fotos, Pappband, ●●●

Fußmassage
Reflexzonentherapie am Fuß (0714) Von G. Leibold, 96 S., 38 Zeichnungen, kart. ●

Rheuma und Gicht
Krankheitsbilder, Behandlung, Therapieverfahren, Selbstbehandlung, richtige Lebensführung und Ernährung. (0712) Von Dr. J. Höder, J. Bandick, 104 S., kart. ●

Die hier vorgestellten Bücher, Videokassetten und Software sind in folgende Preisgruppen unterteilt:

● Preisgruppe bis DM 10,–/S 79,–
●● Preisgruppe über DM 10,– bis DM 20,– S 80,– bis S 160,–
●●● Preisgruppe über DM 20,– bis DM 30,– S 161,– bis S 240,–
●●●● Preisgruppe über DM 30,– bis DM 50,– S 241,– bis S 400,–
●●●●● Preisgruppe über DM 50,–/S 401,–
*(unverbindliche Preisempfehlung)

FALKEN VERLAG

Die Preise entsprechen dem Status beim Druck dieses

Krampfadern
Ursachen, Vorbeugung, Selbstbehandlung, Therapieverfahren. (0727) Von Dr. med. K. Steffens, 96 S., 38 Abb., kart. ●

Gallenleiden
Krankheitsbilder, Behandlung, Therapieverfahren, Selbstbehandlung, Richtige Lebensführung und Ernährung. (0673) Von Dr. med. K. Steffens, 104 S., 34 Zeichnungen, kart. ●

Asthma
Pseudokrupp, Bronchitis und Lungenemphysem. (0778) Von Prof. Dr. med. W. Schmidt, 120 S., 56 Zeichnungen, kart. ●

Fastenkuren
Wege zur gesunden Lebensführung. Rezepte und Tips für die Nachfastenzeit. Kurzfasten · Saftfastenkuren · Fastenschalttage · Heilfasten
(4248) Von Ha. A. Mehler, H. Keppler, 144 S., 16 s/w-Fotos, 9 Zeichnungen, Pappband. ●●●

Aus dem Schatz der Naturmedizin
Heilkräuterkuren
(4268) Von Dr. med. E. Rauch, Dr. rer. nat. P. Kruletz, 144 S., 49 Zeichnungen, kart. ●●

Vitamine und Ballaststoffe
So ermittle ich meinen täglichen Bedarf (0746) Von Prof. Dr. M. Wagner, I. Bongartz, 96 S., 6 Farbabb., zahlreiche Tabellen, kart. ●

Darmleiden
Krankheitsbilder, Behandlung, Selbstbehandlung, Richtige Lebensführung und Ernährung. (0798) Von Dr. med. K. Steffens, 112 S., 46 Zeichnungen, kart. ●

Massage
(0750) Von B. Rumpler, K. Schutt, 112 S., 116 zweifarbige Zeichnungen, kart. ●●

Ratgeber Aids
Entstehung, Ansteckung, Krankheitsbilder, Heilungschancen, Schutzmaßnahmen. (0803) Von B. Baartman, Vorwort von Dr. med. H. Jäger, 112 S., 8 Farbtafeln, 4 Grafiken, kart. ●●

Wenn Kinder krank werden
Medizinischer Ratgeber für Eltern. (4240) Von Dr. med. I. J. Chasnoff, B. Nees-Delaval, 232 S., 163 Zeichnungen, Pappband. ●●●

Ratgeber Lebenshilfe

Umgangsformen heute
Die Empfehlungen des Fachausschusses für Umgangsformen. (4015) 282 S., 160 s/w-Fotos, 25 Zeichnungen, Pappband. ●●●

Der gute Ton
Ein moderner Knigge. (0063) Von I. Wolter, 168 S., 38 Zeichnungen, 53 s/w-Fotos, kart. ●

Haushaltstips von A bis Z
(0759) Von A. Eder, 80 S., 30 Zeichnungen, kart. ●

Wir heiraten
Ratgeber zur Vorbereitung und Festgestaltung der Verlobung und Hochzeit. (4188) Von C. Poensgen, 216 S., 8 s/w-Fotos, 30 s/w-Zeichnungen, 8 Farbtafeln, Pappband. ●●

Der schön gedeckte Tisch
Vom einfachen Gedeck bis zur Festtafel stimmungsvoll und perfekt arrangiert (4246) Von H. Tapper, 112 S., 206 Farbabbildungen, 21 s/w-Abbildungen, Pappband. ●●●

Familienforschung · Ahnentafel · Wappenkunde
Wege zur eigenen Familienchronik. (0744) Von P. Bahn, 128 S., 8 Farbtafeln, 30 Abbildungen, kart. ●●

Die Kunst der freien Rede
Ein Intensivkurs mit vielen Übungen, Beispielen und Lösungen. (4189) Von G. Hirsch, 232 S., 11 Zeichnungen, Pappband. ●●●

Reden zur Taufe, Kommunion und Konfirmation
(0751) Von G. Georg, 96 S., kart. ●

Der richtige Brief zu jedem Anlaß
Das moderne Handbuch mit 400 Musterbriefen. (4179) Von H. Kirst, 376 S., Pappband. ●●●

Von der Verlobung zur Goldenen Hochzeit
(0393) Von E. Ruge, 120 S., kart. ●

Reden zur Hochzeit
Musteransprachen für Hochzeitstage. (0654) Von G. Georg, 112 S., kart. ●

Glückwünsche, Toasts und Festreden zur Hochzeit.
(0264) Von I. Wolter, 128 S., 18 Zeichnungen, kart. ●

Hochzeits- und Bierzeitungen
Muster, Tips und Anregungen. (0288) Von H.-J. Winkler, mit vielen Text- und Gestaltungsanregungen, 116 S., 15 Abb., 1 Musterzeitung, kart. ●

Kindergedichte zur Grünen, Silbernen und Goldenen Hochzeit
(0318) Von H.-J. Winkler, 104 S., 20 Abb., kart. ●

Kindergedichte für Familienfeste
(0860) Von B. H. Bull, 96 S., 20 Zeichnungen, kart. ●

Die Silberhochzeit
Vorbereitung · Einladung · Geschenkvorschläge · Dekoration · Festablauf · Menüs · Reden · Glückwünsche. (0542) Von K. F. Merkle, 120 S., 41 Zeichnungen, kart. ●

Großes Buch der Glückwünsche
(0255) Hrsg. von O. Fuhrmann, 240 S., 77 Zeichnungen und viele Gestaltungsvorschläge, kart. ●

Neue Glückwunschfibel
für Groß und Klein. (0156) Von R. Christian-Hildebrandt, 96 S., kart. ●

Glückwunschverse für Kinder
(0277) Von B. Ulrici, 80 S., kart. ●

Die Redekunst
Rhetorik · Rednererfolg (0076) Von K. Wolter, überarbeitet von Dr. W. Tappe, 80 S., kart. ●

Reden und Ansprachen
für jeden Anlaß. (4009) Hrsg. von F. Sicker, 454 S., gebunden. ●●●●

Reden zum Jubiläum
Musteransprachen für viele Gelegenheiten (0595) Von G. Georg, 112 S., kart. ●

Reden zum Ruhestand
Musteransprachen zum Abschluß des Berufslebens (0790) Von G. Georg, 104 S., kart. ●

Reden und Sprüche zu Grundsteinlegung, Richtfest und Einzug
(0598) Von A. Bruder, G. Georg, 96 S., kart. ●

Reden zu Familienfesten
Musteransprachen für viele Gelegenheiten. (0675) Von G. Georg, 108 S., kart. ●

Reden zum Geburtstag
Musteransprachen für familiäre und offizielle Anlässe. (0773) Von G. Georg, 104 S., kart. ●

Festreden und Vereinsreden
Ansprachen für festliche Gelegenheiten. (0069) Von K. Lehnhoff, E. Ruge, 88 S., kart. ●

Reden im Verein
Musteransprachen für viele Gelegenheiten. (0703) Von G. Georg, 112 S., kart., ●

Trinksprüche
Fest- und Damenreden in Reimen. (0791) Von L. Metzner, 88 S., 14 s/w-Zeichnungen, kart. ●

Trinksprüche, Richtsprüche, Gästebuchverse
(0224) Von D. Kellermann, 80 S., kart. ●

Ins Gästebuch geschrieben
(0576) Von K. H. Trabeck, 96 S., 24 Zeichnungen, kart. ●

Poesiealbumverse
Heiteres und Besinnliches. (0578) Von A. Göttling, 112 S., 20 Zeichnungen, Pappband. ●●

Verse fürs Poesiealbum
(0241) Von I. Wolter, 96 S., 20 Abb., kart. ●

Rosen, Tulpen, Nelken ...
Beliebte Verse fürs Poesiealbum
(0431) Von W. Pröve, 96 S., 11 Faksimile-Abb., kart. ●

Der Verseschmied
Kleiner Leitfaden für Hobbydichter. Mit Reimlexikon. (0597) Von T. Parisius, 96 S., 28 Zeichnungen, kart. ●

Moderne Korrespondenz
Handbuch für erfolgreiche Briefe. (4014) Von H. Kirst und W. Manekeller, 544 S., Pappband. ●●●●
DM 39,–/S 319,–

Der neue Briefsteller
Musterbriefe für alle Gelegenheiten. (0060) Von I. Wolter-Rosendorf, 112 S., kart. ●

Geschäftliche Briefe
des Privatmanns, Handwerkers, Kaufmanns. (0041) Von A. Römer, 120 S., kart. ●

Behördenkorrespondenz
Musterbriefe – Anträge – Einsprüche. (0412) Von E. Ruge, 120 S., kart. ●

Musterbriefe
für alle Gelegenheiten. (0231) Hrsg. von O. Fuhrmann, 240 S., kart. ●

Die hier vorgestellten Bücher, Videokassetten und Software sind in folgende Preisgruppen unterteilt:

● Preisgruppe bis DM 10,–/S 79,–
●● Preisgruppe über DM 10,– bis DM 20,– S 80,– bis S 160,–
●●● Preisgruppe über DM 20,– bis DM 30,– S 161,– bis S 240,–
●●●● Preisgruppe über DM 30,– bis DM 50,– S 241,– bis S 400,–
●●●●● Preisgruppe über DM 50,–/S 401,–
*(unverbindliche Preisempfehlung)

FALKEN VERLAG

Privatbriefe
Muster für alle Gelegenheiten. (0114) Von I. Wolter-Rosendorf, 132 S., kart. ●

Briefe zu Geburt und Taufe
Glückwünsche und Danksagungen. (0802) Von H. Beitz, 96 S., 12 Zeichnungen, kart. ●

Briefe zum Geburtstag
Glückwünsche und Danksagungen (0822) Von H. Beitz, 104 S., 22 Zeichnungen, kart. ●

Briefe zur Hochzeit
Glückwünsche und Danksagungen (0852) Von R. Röngen, 96 S., 1 Zeichnung, 39 Vignetten, kart. ●

Erfolgstips für den Schriftverkehr
Briefwechsel leicht gemacht durch einfachen Stil und klaren Ausdruck (0678) Von U. Schoenwald, 120 S., kart. ●

Worte und Briefe der Anteilnahme
(0464) Von E. Ruge, 128 S., mit vielen Abb., kart. ●

Reden in Trauerfällen
Musteransprachen für Beerdigungen und Trauerfeiern (0736) Von G. Georg, 104 S., kart. ●

Lebenslauf und Bewerbung
Beispiele für Inhalt, Form und Aufbau. (0428) Von H. Friedrich, 112 S., kart. ●

Erfolgreiche Bewerbungsbriefe und Bewerbungsformen.
(0138) Von W. Manekeller, 88 S., kart. ●

Die erfolgreiche Bewerbung
Bewerbung und Vorstellung. (0173) Von W. Manekeller, 156 S., kart. ●

Die Bewerbung
Der moderne Ratgeber für Bewerbungsbriefe, Lebenslauf und Vorstellungsgespräche. (4138) Von W. Manekeller, 264 S., Pappband. ●●

Vorstellungsgespräche
sicher und erfolgreich führen. (0636) Von H. Friedrich, 144 S., kart. ●

Keine Angst vor Einstellungstests
Ein Ratgeber für Bewerber. (0793) Von Ch. Titze, 120 S., 67 Zeichnungen, kart. ●

Die ersten Tage am neuen Arbeitsplatz
Ratschläge für den richtigen Umgang mit Kollegen und Vorgesetzten (0855) Von H. Friedrich, 104 S., kart. ●

Zeugnisse im Beruf
richtig schreiben, richtig verstehen. (0544) Von H. Friedrich, 112 S., kart. ●

In Anerkennung Ihrer . . . .
Lob und Würdigung in Briefen und Reden.
(0535) Von H. Friedrich, 136 S., kart. ●

Erfolgreiche Kaufmannspraxis
Wirtschaftliche Grundlagen, Geld, Kreditwesen, Steuern, Betriebsführung, Recht, EDV. (4046) Von W. Göhler, H. Gölz, M. Heibel, Dr. D. Machenheimer, 544 S., gebunden. ●●●●

Wege zum Börsenerfolg
Aktien · Anleihen · Optionen (4275) Von H. Krause, 252 S., 4 s/w-Fotos, 86 Zeichnungen, Pappband. ●●●

Mietrecht
Leitfaden für Mieter und Vermieter. (0479) Von J. Beuthner, 196 S., kart. ●●

Familienrecht
Ehe – Scheidung – Unterhalt. (4190) Von T. Drewes, R. Hollender, 368 S., Pappband. ●●●

Erziehungsgeld, Mutterschutz, Erziehungsurlaub
Alles über das neue Recht für Eltern. Mit den Gesetzestexten. (0835) Von J. Grönert, 144 S., kart. ●●

Scheidung und Unterhalt
nach dem neuen Eherecht. Mit dem Unterhaltsänderungsgesetz 1986. (0403) Von Rechtsanwalt H. T. Drewes, 112 S., mit Kosten- und Unterhaltstabellen, kart. ●

Präzise Ratschläge für
Ihre optimale Rente
Vorbereitung · Berechnungsgrundlagen · Gesetzesänderungen · Individuelle Redenbeispiele. (0806) Von K. Möcks, 96 S., 24 Formulare, 1 Graphik, kart. ●

Testament und Erbschaft
Erbfolge, Rechte und Pflichten der Erben, Erbschafts- und Schenkungssteuer, Mustertestamente. (4139) Von T. Drewes, R. Hollender, 304 S., Pappband. ●●●

Erbrecht und Testament
Mit Erläuterungen des Erbschaftssteuergesetzes von 1974. (0046) Von Dr. jur. H. Wandrey, 124 S., kart. ●

Endlich 18 und nun?
Rechte und Pflichten mit der Volljährigkeit. (0646) Von R. Rathgeber, 224 S., 27 Zeichnungen, kart. ●●

Was heißt hier minderjährig?
(0765) Von R. Rathgeber, C. Rummel, 148 S., 50 Fotos, 25 Zeichnungen, kart. ●●

Erfolgreiche Bewerbung um einen Ausbildungsplatz
(0715) Von H. Friedrich, 136 S., kart. ●

Elternsache Grundschule
(0692) Hrsg. von K. Meynersen, 324 S., kart. ●●●

Sexualberatung
(0402) Von Dr. M. Röhl, 168 S., 8 Farbtafeln, 17 Zeichnungen, Pappband. ●●

Die Kunst des Stillens
nach neuesten Erkenntnissen (0701) Von Prof. Dr. med. E. Schmidt/ S. Brunn, 112 S., 20 Fotos und Zeichnungen, kart. ●

Wenn Sie ein Kind bekommen
(4003) Von U. Klamroth, Dr. med. H. Oster, 240 S., 86 s/w-Fotos, 30 Zeichnungen, kart. ●●●

Vorbereitung auf die Geburt
Schwangerschaftsgymnastik, Atmung, Rückbildungsgymnastik. (0251) Von S. Buchholz, 112 S., 98 s/w-Fotos, kart. ●

Wie soll es heißen?
(0211) Von D. Köhr, 136 S., kart. ●

Das Babybuch
Pflege · Ernährung · Entwicklung. (0531) Von A. Burkert, 128 S., 16 Farbtafeln, 38 s/w-Fotos, 30 Zeichnungen, kart. ●●

Wenn der Mensch zum Vater wird
Ein heiter-besinnlicher Ratgeber. (4259) Von D. Zimmer, 160 S., 20 Zeichnungen, Pappband. ●●

Die neue Lebenshilfe **Biorhythmik**
Höhen und Tiefen der persönlichen Lebenskurven vorausberechnen und danach handeln. (0458) Von W. A. Appel, 157 S., 63 Zeichnungen, Pappband. ●●

Vom Urkrümel zum Atompilz
Evolution – Ursache und Ausweg aus der Krise. (4181) Von J. Voigt, 188 S., 20 Farb- und 70 s/w-Fotos, 32 Zeichnungen, kart. ●●

Neues Denken – alte Geister
New Age unter der Lupe. (4278) Von G. Myrell, Dr. W. Schmandt, J. Voigt, 176 S., 54 Farbfotos, 3 Zeichnungen, kart. ●●

Dinosaurier
und andere Tiere der Urzeit. (4219) Von G. Alschner, 96 S., 81 Farbzeichnungen, 4 Fotos, Pappband. ●●●

Der Sklave Calvisius
Alltag in einer römischen Provinz 150 n. Chr. (4058) Von A. Ammermann, T. Röhrig, G. Schmidt, 120 S., 99 Farbabb., 47 s/w-Abb., Pappband. ●●

ZDF · ORF · DRS
Kompaß Jugend-Lexikon
(4096) Von R. Kerler, J. Blum, 336 S., 766 Farbfotos, 39 s/w-Abb., Pappband. ●●●●

Psycho-Tests
– Erkennen Sich sich selbst. (0710) Von B. M. Nash, R. B. Monchick, 304 S., 81 Zeichnungen, kart. ●●

Falken-Handbuch **Astrologie**
Charakterkunde · Schicksal · Liebe und Beruf · Berechnung und Deutung von Horoskopen · Aszendenttabelle. (4068) Von B. A. Mertz, 342 S., mit 60 erläuternden Grafiken, gebunden. ●●●

Die Magie der Zahlen
So nutzen Sie die Geheimnisse der Numerologie für Ihr persönliches Glück mit dem völlig neuen Planetennumeroskop (4242) Von B. A. Mertz, 224 S., 36 Abbildungen, Pappband. ●●●

Selbst Wahrsagen mit Karten
Die Zukunft in Liebe, Beruf und Finanzen. (0404) Von R. Koch, 112 S., 252 Abb., Pappband. ●●

Weissagen, Hellsehen, Kartenlegen . . .
Wie jeder die geheimen Kräfte ergründen und für sich nutzen kann. (4153) Von G. Haddenbach, 192 S., 40 Zeichnungen, Pappband. ●●

Frauenträume, Männerträume
und ihre Bedeutung. (4198) Von G. Senger, 272 S., mit Traumlexikon, Pappband. ●●●

Wie Sie im Schlaf das Leben meistern
Schöpferisch träumen
Der Klartraum als Lebenshilfe. (4258) Von Prof. Dr. P. Tholey, K. Utecht, 256 S., 1 s/w-Foto, 20 Zeichnungen, Pappband. ●●●

Wahrsagen mit Tarot-Karten
(0482) Von E. J. Nigg, 112 S., 4 Farbtafeln, 52 s/w-Abb., Pappband. ●●

Aztekenhoroskop
Deutung von Liebe und Schicksal nach dem Aztekenkalender. (0543) Von C.-M. und R. Kerler, 160 S., 20 Zeichnungen, Pappband. ●

Die hier vorgestellten Bücher, Videokassetten und Software sind in folgende Preisgruppen unterteilt:

● Preisgruppe bis DM 10,–/S 79,–
●● Preisgruppe über DM 10,– bis DM 20,– S 80,– bis S 160,–
●●● Preisgruppe über DM 20,– bis DM 30,– S 161,– bis S 240,–
●●●● Preisgruppe über DM 30,– bis DM 50,– S 241,– bis S 400,–
●●●●● Preisgruppe über DM 50,–/S 401,–
*(unverbindliche Preisempfehlung)

FALKEN VERLAG

Die Preise entsprechen dem Status beim Druck dieses

Was sagt uns das Horoskop?
Praktische Einführung in die Astrologie. (0655) Von B. A. Mertz, 176 S., 25 Zeichnungen, kart. ●

Das Super-Horoskop
Der neue Weg zur Deutung von Charaker, Liebe und Schicksal nach chinesischer und abendländischer Astrologie. (0465) Von G. Haddenbach, 175 S., kart. ●

Liebeshoroskop für die 12 Sternzeichen
Alles über Chancen, Beziehungen, Erotik, Zärtlichkeit, Leidenschaft. (0587) Von G. Haddenbach, 144 S., 11 Zeichnungen, kart. ●

Die 12 Sternzeichen
Charakter, Liebe und Schicksal. (0385) Von G. Haddenbach, 160 S., Pappband. ●●

Die 12 Tierzeichen im chinesischen Horoskop
(0423) Von G. Haddenbach, 128 S., Pappband. ●

Sternstunden
für Liebe, Glück und Geld, Berufserfolg und Gesundheit. Das ganz persönliche Mitbringsel für Widder (0621), Stier (0622), Zwillinge (0623), Krebs (0624), Löwe (0625), Jungfrau (0626), Waage (0627), Skorpion (0628), Schütze (0629), Steinbock (0630), Wassermann (0631), Fische (0632) Von L. Cancer, 62 S., durchgehend farbig, Zeichnungen, Pappband. ●

So deutet man Träume
Die Bildersprache des Unbewußten. (0444) Von G. Haddenbach, 160 S., Pappband. ●

Die Famillie im Horoskop
Glück und Harmonie gemeinsam erleben – Probleme und Gegensätze verstehen und tolerieren. (4161) Von B. A. Mertz, 296 S., 40 Zeichnungen, kart. ●●

Erkennen Sie Psyche und Charakter durch **Handdeutung**
(4176) Von B. A. Mertz, 252 S., 9 s/w-Fotos, 160 Zeichnungen, Pappband. ●●●●

Falken-Handbuch **Kartenlegen**
Wahrsagen mit Tarot-, Skat-, Lenormand- und Zigeunerblättern. (4226) Von B. A. Mertz, 288 S., 38 Farb- und 108 s/w-Abb. Pappband. ●●●●

I Ging der Liebe
Das altchinesische Orakel für Partnerschaft und Ehe. (4244) Von G. Damian-Knight, 320 S., 64 s/w-Zeichnungen, Pappband. ●●●

Bauernregeln, Bauernweisheiten, Bauernsprüche
(4243) Von G. Haddenbach, 192 S., 62 Farbabb. 9 s/w-Fotos, 144 s/w-Zeichnungen, Pappband. ●●●

Neue Medien

Programm und Publikum
Der ständige Versuch einer Annäherung. Beiträge und Reden über das öffentlich-rechtliche Fernsehen. (0874) Von A. Schardt, 167 S., kart. ●●

Computer Grundwissen
Eine Einführung in Funktion und Einsatzmöglichkeiten. (4302) Von W. Bauer, 176 Seiten, 193 Farb- und 12 s/w-Fotos, 37 Computergrafiken, kart., ●●●
(4301) Pappband, ●●●●

Einführung in die Programmiersprache BASIC. (4303) Von S. Curran und R. Curnow, 192 S., 92 Zeichnungen, kart. ●●

Lernen mit dem Computer. (4304) Von S. Curran und R. Curnow, 144 S., 34 Zeichnungen, Spiralbindung, ●●

Computerspiele, Grafik und Musik
(4305) Von S. Curran und R. Curnow, 147 S., 46 Zeichnungen, Spiralbindung. ●●

dBase III
Einführung für Einsteiger und Nachschlagewerk für Profis. (4310) Von J. Brehm, G. A. Karl, 211 S., 23 Abb., kart. ●●●●●

Das Medienpaket
Buch und Programmdiskette „dBase III" zusammen (4312) ●●●●●

Garantiert BASIC lernen mit dem C 128
Mit kompletter Kurs-Diskette (4321) Von A. Görgens, 288 S., 4 s/w-Fotos, 83 Zeichnungen, kart. ●●●●

Grundwissen Informationsverarbeitung
(4314) Von H. Schiro, 312 S., 59 s/w-Fotos, 133 s/w-Zeichnungen, Pappband. ●●●●●

Heimcomputer-Bastelkiste
Messen, Steuern, Regeln mit C 64-, Apple II-, MSX-, TANDY-, MC-, Atari- und Sinclair-Computern. (4309) Von G. A. Karl, 256 S., 160 Zeichnungen, kart. ●●●●

WORDSTAR 2000
Textverarbeitung für Einsteiger und Profis Mit erprobten Anwendungen aus der Praxis. (4317) Von D. Nasser, 200 S., 9 s/w-Fotos, 3 Zeichnungen, kart. ●●●●●

Drucker und Plotter
Text und Grafik für Ihren Computer. (4315) Von K.-H. Koch, 192 S., 12 Farbtafeln, 5 s/w-Fotos, kart. ●●●●

Computergrafik
Von den Grundlagen bis zum perfekten 3 D-Programm (4319) Von A. Brück, 296 S., 20 Farbtafeln, 180 s/w-Grafiken, 50 s/w- Zeichnungen, 83 Listings, Pappband. ●●●●●

Textverarbeitung mit Home- und Personal-Computern
Systeme – Vergleiche – Anwendungen. (4316) Von A. Görgens, 128 S., 49 s/w-Fotos, kart. ●●●

Die tägliche PC-Praxis
Anwendungshilfen, Programme und Erweiterungen für MS-DOS-Computer (4322) Von A. Görgens, 224 S., 25 Abbildungen, kart. ●●●●

The Grammar Master
Englische Grammatik üben und beherrschen. (7002) Von Data Beutner. Diskette für den C 64, C 128 (im 64er Modus) ●●●●*

Maschinenschreiben
In 10 Tagen spielend gelernt. Von Unterrichtsmedien Hoppius. (7008) Diskette für den C 64 und C 128 PC ●●●●*
(Best.-Nr. Ariolasoft: 72631)
(7009) für IBM + kompatible, ●●●●●*
(Best.-Nr. Ariolasoft: 78631)
(7010) für Schneider CPC 464, 664, 6128, ●●●●●*
(Best.-Nr. Ariolasoft: 74631)

Lernhilfen

Deutsch – Ihre neue Sprache.
Grundbuch (0327) Von H.-J. Demetz und J. M. Puente, 204 S., mit über 200 Abb., kart. ●●

Maschinenschreiben für Kinder
(0274) Von H. Kaus, 48 S., farbige Abb., kart. ●

So lernt man leicht und schnell
Maschinenschreiben
Lehrbuch für Selbstunterricht und Kurse. (0568) Von J. W. Wagner, 112 S., 31 s/w-Fotos, 36 Zeichnungen, kart. ●●

Maschinenschreiben durch Selbstunterricht
(0170) Von A. Fonfara, 84 S., kart. ●

Stenografie leicht gelernt
im Kursus oder Selbstunterricht. (0266) Von H. Kaus, 64 S., kart. ●

Buchführung
leicht gefaßt. Ein Leitfaden für Handwerker und Gewerbetreibende. (0127) Von R. Pohl. 104 S., kart. ●

Buchführung leicht gemacht
Ein methodischer Grundkurs für den Selbstunterricht. (4238) Von D. Machenheimer, R. Kersten, 252 S., Pappband. ●●●

Schülerlexikon der Mathematik
Formeln, Übungen und Begriffserklärungen für die Klassen 5–10. (0430) Von R. Müller, 176 S., 96 Zeichnungen, kart. ●

Mathematik verständlich
Zahlenbereiche Mengenlehre, Algebra, Geometrie, Wahrscheinlichkeitsrechnung, Kaufmännisches Rechnen. (4135) Von R. Müller, 652 S., 10 s/w- und 109 Farbfotos, 802 farbige und 79 s/w-Zeichnungen, über 2500 Beispiele und Übungen mit Lösungen, Pappband. ●●●●●

Mathematische Formeln für Schule und Beruf
Mit Beispielen und Erklärungen. (0499) Von R. Müller, 156 S., 210 Zeichnungen, kart. ●

Rechnen aufgefrischt
für Schule und Beruf. (0100) Von H. Rausch, 144 S., kart. ●

Mehr Erfolg in der Schule
Der Deutschaufsatz
Übungen und Beispiele für die Klassen 5–10. (4271) Von K. Schreiner, 240 S., 4 s/w-Fotos, 51 Zeichnungen, Pappband. ●●●

Die hier vorgestellten Bücher, Videokassetten und Software sind in folgende Preisgruppen unterteilt:

● Preisgruppe bis DM 10,–/S 79,–
●● Preisgruppe über DM 10,– bis DM 20,– S 80,– bis S 160,–
●●● Preisgruppe über DM 20,– bis DM 30,– S 161,– bis S 240,–
●●●● Preisgruppe über DM 30,– bis DM 50,– S 241,– bis S 400,–
●●●●● Preisgruppe über DM 50,–/S 401,–
*(unverbindliche Preisempfehlung)

FALKEN VERLAG

Mehr Erfolg in Schule und Beruf
Besseres Deutsch
Mit Übungen und Beispielen für Rechtschreibung, Diktate, Zeichensetzung, Aufsätze, Grammatik, Literaturbetrachtung, Stil, Briefe, Fremdwörter, Reden. (4115) Von K. Schreiner, 444 S., 7 s/w-Fotos, 27 Zeichnungen, Pappband. ●●●

Richtiges Deutsch
Rechtschreibung · Zeichensetzung · Grammatik · Stilkunde. (0551) Von K. Schreiner, 128 S., 7 Zeichnungen, kart. ●

Diktate besser schreiben
Übungen zur Rechtschreibung für die Klassen 4–8. (0469) Von K. Schreiner, 152 S., 31 Zeichnungen, kart. ●

Aufsätze besser schreiben
Förderkurs für die Klassen 4–10. (0429) Von K. Schreiner, 144 S., 4 s/w-Fotos, 27 Zeichnungen, kart. ●

Deutsche Grammatik
Ein Lern- und Übungsbuch. (0704) Von K. Schreiner, 112 S., kart. ●

Besseres Englisch
Grammatik und Übungen für die Klassen 5 bis 10. (0745) Von E. Henrichs, 144 S., ●●

Richtige Zeichensetzung
durch neue, vereinfachte Regeln. Erläuterungen der Zweifelsfragen anhand vieler Beispiele. (0774) Von Prof. Dr. Ch. Stetter, 160 S., kart. ●

Das Deutschbuch
Ein Sprachprogramm für Ausländer, Erwachsene und Jugendliche.
Autorenteam: J. M. Puente, H.-J. Demetz, S. Sargut, M. Spohner.

Grundbuch Jugendliche
(4915) Von Puente, Demetz, Sargut, Spohner, Hirschberger, Kersten, von Stolzenwaldt, 256 S., durchgehend zweifarbig, kart. ●●

Grundbuch Erwachsene
(4901) Von Puente, Demetz, Sargut, Spohner, 292 S., durchgehend zweifarbig, kart. ●●●

Arbeitsheft
zu Grundbuch Erwachsene und Jugendliche. (4903) Von Puente, Demetz, Sargut, Spohner, 160 S., durchgehend zweifarbig, kart. ●●

Aufbaukurs
(4902) Von Puente, Sargut, Spohner, 232 S., durchgehend zweifarbig, kart. ●●●

Lehrerhandbuch Grundbuch Erwachsene (4904) 144 S., kart. ●●

Lehrerhandbuch Grundbuch Jugendliche (4929) 120 S., kart. ●●

Lehrerhandbuch Aufbaukurs
(4930) 64 S., kart. ●

Glossare Erwachsene:
Türkisch (4906) 100 S., kart. ●
Englisch (4912) 100 S., kart. ●
Französisch (4911) 104 S., kart. ●
Spanisch (4909) 98 S., kart. ●
Italienisch (4908) 100 S., kart. ●
Serbokroatisch (4914) 100 S., kart. ●
Griechisch (4907) 102 S., kart. ●
Portugiesisch (4910) 100 S., kart. ●
Polnisch (4913) 102 S., kart. ●
Arabisch (4905) 100 S., kart. ●

Glossare Jugendliche:
Türkisch (4927) 104 S., kart. ●
Italienisch (4932) 104 S., kart. ●
Spanisch (4933) 104 S., kart. ●
Serbokroatisch (4934) 104 S., kart. ●
Griechisch (4936) 112 S., kart. ●

Tonband Grundbuch Erwachsene
(4916) Ø 18 cm. ●●●●●

Tonband Grundbuch Jugendliche
(4917) Ø 18 cm. ●●●●●

Tonband Aufbaukurs
(4918) Ø 18 cm. ●●●●●

Tonband Arbeitsheft
(4919) Ø 18 cm. ●●●●●

Kassetten Grundbuch Erwachsene
(4920) 2 Stück à 90 Min. Laufzeit. ●●●●

Kassetten\Grundbuch Jugendliche
(4921) 2 Stück à 90 Min. Laufzeit. ●●●●

Kassetten Aufbaukurs (4922) 2 Stück à 90 Min. Laufzeit. ●●●●

Kassette Arbeitsheft Grundbuch
(4923) 60 Min. Laufzeit. ●●

Overheadfolien Grundbuch Erwachsene (4924) 60 Stück ●●●●●

Overheadfolien Grundbuch Jugendliche (4925) 59 Stück. ●●●●●

Overheadfolien Aufbaukurs
(4931) 54 Stück. ●●●●●

Diapositive Grundbuch Erwachsene
(4926) 300 Stück. ●●●●●

Bildkarten zum Grundbuch Jugendliche und Erwachsene. (4928) 200 Stück. ●●●●●

Die hier vorgestellten Bücher, Videokassetten und Software sind in folgende Preisgruppen unterteilt:

● Preisgruppe bis DM 10,–/S 79,–
●● Preisgruppe über DM 10,– bis DM 20,– S 80,– bis S 160,–
●●● Preisgruppe über DM 20,– bis DM 30,– S 161,– bis S 240,–
●●●● Preisgruppe über DM 30,– bis DM 50,– S 241,– bis S 400,–
●●●●● Preisgruppe über DM 50,–/S 401,–
*(unverbindliche Preisempfehlung)

Bestellschein

Erfüllungsort und Gerichtsstand für Vollkaufleute ist der jeweilige Sitz der Lieferfirma. Für alle übrigen Kunden gilt dieser Gerichtsstand für das Mahnverfahren. Falls durch besondere Umstände Preisänderungen notwendig werden, erfolgt Auftragserledigung zu dem bei der Lieferung gültigen Preis.
Ich bestelle hiermit aus dem Falken-Verlag GmbH, Postfach 1120, D-6272 Niedernhausen/Ts., durch die Buchhandlung:

Ex. ______________________________

Ex. ______________________________

Ex. ______________________________

Ex. ______________________________

Name: ______________________________

Straße: ______________ Ort: ______________

Datum: ______________ Unterschrift: ______________

FALKEN VERLAG

 Für die Schweiz: sFr.-Preise gemäß Preisauszeichnung in der Buchhandlung